Manuel de Araújo Porto-Alegre
UM ARTISTA FORA DO FOCO

CONSELHO EDITORIAL
Ana Paula Torres Megiani
Eunice Ostrensky
Haroldo Ceravolo Sereza
Joana Monteleone
Maria Luiza Ferreira de Oliveira
Ruy Braga

Manuel de Araújo Porto-Alegre

UM ARTISTA FORA DO FOCO

Carlos Costa

Copyright © 2019 Carlos Costa

Grafia atualizada segundo o Acordo Ortográfico da Língua Portuguesa de 1990, que entrou em vigor no Brasil em 2009.

Edição: Haroldo Ceravolo Sereza/ Joana Monteleone
Editora assistente: Danielly de Jesus Teles
Projeto gráfico e diagramação: Laura Klein
Capa: Danielly de Jesus Teles
Assistente acadêmica: Tamara Santos
Revisão: Alexandra Colontini
Imagem de capa: *Retrato de Manuel de Araújo*, por Pedro Américo, 1869. Museu D. João VI, UFRJ, Rio de Janeiro

CIP-BRASIL. CATALOGAÇÃO-NA-FONTE
SINDICATO NACIONAL DOS EDITORES DE LIVROS, RJ

C871A

Costa, Carlos
    Manuel de Araújo Porto-Alegre : um artista fora do foco / Carlos Costa. - 1. ed. - São Paulo : Alameda, 2019.
    21 cm.

Inclui bibliografia

ISBN 978-85-7939-634-2

1. Porto-Alegre, Manoel de Araujo, barão de Santo Ângelo, 1806-1879. 2. Arte brasileira - História - Séc. XIX. 3. Intelectuais - Brasil - Biografia. I. Título.

19-60806   CDD: 709.81
                    CDU: 7(091)(81)

Alameda Casa Editorial
Rua 13 de Maio, 353 – Bela Vista
CEP 01327-000 – São Paulo, SP
Tel. (11) 3012-2403
www.alamedaeditorial.com.br

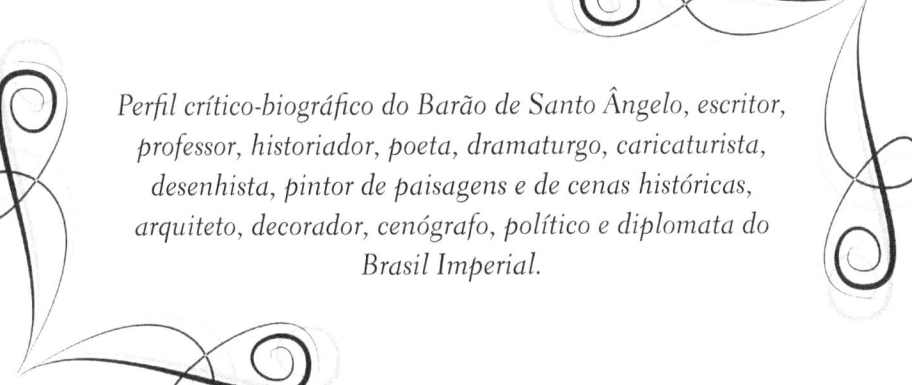

Perfil crítico-biográfico do Barão de Santo Ângelo, escritor, professor, historiador, poeta, dramaturgo, caricaturista, desenhista, pintor de paisagens e de cenas históricas, arquiteto, decorador, cenógrafo, político e diplomata do Brasil Imperial.

Sumário

Apresentação — 9

Prefácio — 13
Por Isabel Lustosa

Introdução: — 19
Um caminho que se faz ao andar

1. Por que o século XIX? — 35

2. Uma história — 57

3. Preconceito visual — 79

4. Estreia do Romantismo — 105

5. Artes cênicas — 141

6. O artista visual — 177

7. O quadro no prumo — 213

Bibliografia — 231

Apresentação

Este livro é o resultado do pós-doutorado realizado na Faculdade de Filosofia, Letras e Ciências Humanas (FFLCH) da Universidade de São Paulo, no departamento de Letras Clássicas e Vernáculas, com a supervisão do professor João Roberto Faria. Havia uma proposta antiga, fruto de um comentário do pesquisador Gilberto Maringoni durante a banca de defesa do doutorado (*A Revista no Brasil do Século XIX: a história da formação das publicações, do leitor e da identidade do brasileiro*), de que uma pesquisa sobre o semanário ilustrado O *Mosquito* (1869-1875) deveria ser o mergulho seguinte.

Quando resolvi voltar aos estudos e à pesquisa sistematizada, outra proposta se apresentou, além da análise de *O Mosquito*, publicação satírica e ilustrada pela qual passaram os três maiores artistas gráficos que atuaram no Brasil do século XIX: fundada pelo sergipano Cândido Aragonez de Faria (1849-1911), a revista teve depois à sua frente o italiano e grande repórter do lápis, Angelo Agostini (1843-1910), e finalmente o multimídia português Rafael Bordalo Pinheiro (1846-1905). A escolha de ter como supervisor João Roberto Faria, um dos maiores (se não o maior) estudioso do teatro brasileiro do século XIX, seria a oportunidade de abordar o multimídia Manuel José de Araújo Porto-Alegre – escritor, professor, historiador, poeta, dramaturgo, caricaturista, desenhista, pintor de paisagens e de cenas históricas, arquiteto, decorador, cenógrafo, político e diplomata do Brasil Imperial.

Afinal, João Roberto Faria havia preparado um minucioso estudo dos 23 exemplares de A *Lanterna Mágica*, revista humorística criada por Manuel de Araújo em 1844, para o catálogo da exposição "A Comédia Urbana: de Daumier a Porto-Alegre", exibida de 26 de abril a 22 de junho de 2003 no Museu de Arte Brasileira, da Fundação Armando Álvares Penteado, em São Paulo. Essa mostra deixou como contribuição o catálogo coordenado pela curadora Heliana Angotti Salgueiro. A brilhante análise desenvolvida por João Roberto Faria (A *Lanterna Mágica: imagens da malandragem, entre literatura e teatro*), é um dos pontos altos desse catálogo.

Mergulhar na produção multimídia de Manuel José de Araújo levou à leitura de suas peças teatrais,[1] textos que marcaram caminho na recuperação da história das artes no Brasil, re-

---

1 O catálogo *Teatro Completo de Araújo Porto-Alegre*, editado em dois volumes pelo Ministério da Cultura, Inacen/Uni-Rio/INL (volume 1, 1988) e pelo Ministério da Cultura/Funarte (volume 2, 1997), reúne no primeiro as obras inéditas do autor, encontradas até então em manuscritos, como as peças *Os Lobisomens* (comédia em três atos, de 1862); *Os Lavernos* (comédia em três atos, de 1863); *D. Sebastião* (ópera cômica em dois atos, provavelmente de 1859); *Cenas de Penafiel* (comédia em um ato, talvez do mesmo ano); e *A Noite de São João* (ópera lírica em três atos, de 1857). O segundo volume reuniu peças que já haviam sido editados, como *Angélica e Firmino* (comédia em cinco atos, de 1845); *A Estátua Amazônica* (comédia arqueológica em três atos, de 1851); *O Prestígio da Lei* (drama lírico em três atos, de 1859); *Os Voluntários da Pátria* (drama em três atos, de 1877). Estava prevista a inclusão de *O Prólogo Dramático*, de 1837, "no caso de se encontrar sua primeira edição". Mas *O Prólogo Dramático* não compôs o segundo volume, mesmo que a primeira edição, publicada no mesmo 1837 pela Typ. Imparcial de Francisco de Paula Brito, esteja à disposição em bibliotecas especializadas e, hoje, online em cópias digitais no acervo de grandes

vistas por ele editadas, suas polêmicas com os críticos, e sobretudo à leitura do maior poema da língua portuguesa, *Colombo*. Leituras cruzadas levaram a checar boa parte da produção de Luís Carlos Martins Pena (1815-1848), para ter parâmetros para localizar a produção dramatúrgica de Manuel de Araújo, e até ler o perfil do maior ator daqueles tempos, João Caetano, escrito por Décio de Almeida Prado.

Só tenho de agradecer a generosidade com que fui recebido por João Roberto Faria, suas conversas enriquecedoras sinalizando caminhos e sugerindo leituras. Na contramão de uma das práticas comuns em supervisores de pós-doutorado, Faria não me deu tarefas da rotina acadêmica nem tive de ministrar aulas em suas disciplinas. Eticamente, um mestre irrepreensível.

Também tenho de agradecer a funcionários da Cásper Líbero, como a assistente da Diretoria, Priscila Lima Carvalho de Oliveira, pela transcrição de alguns textos usados nesse trabalho, digitalizando material impresso quase duzentos anos atrás – e à sempre atenta equipe da Biblioteca Prof. José Geraldo Vieira. E ao prof. Dr. Welington de Andrade – diretor da Faculdade Cásper Líbero – que sugeriu e me colocou em contato com o prof. João Roberto Faria, seu orientador de mestrado e doutorado.

Finalmente um recado ao amigo Gilberto Maringoni, que assina o prefácio da segunda edição de meu livro A *Revista*

---

universidades, de Stanford à Biblioteca Brasiliana Guita e José Mindlin, da Universidade de São Paulo.
Estão desaparecidos, ou há apenas fragmentos, outros textos teatrais de Araújo Porto-Alegre, como A *Restauração de Pernambuco*, de 1852 (ópera lírica); *Judas*, de 1858; A *Escrava*, de 1863; O *Rei dos Mendigos*, de 1866; *Os Toltecas*, cujos fragmentos se encontram no Instituto Histórico e Geográfico Brasileiro; *Os Ourives* (drama sebastianista); *Os Traidores*; *As Barras de Ouro*; O *Sapateiro Politicão*; O *Dinheiro é Saúde*; A *Véspera dos Guararapes* (cena lírica); e O *Espião de Bonaparte*

no Brasil do Século XIX: a história da formação das publicações, do leitor e da identidade do brasileiro, lançado no começo deste ano, a pesquisa sobre o semanário *O Mosquito* segue avançada!

Prefácio
Nem tão mal artista e poeta como seus detratores queriam, nem tão bom quando ele mesmo se pensava

Por Isabel Lustosa

Aspecto notável da vida na corte de d. Pedro II foi o elenco de artistas e intelectuais que cercaram o trono no começo de seu longo reinado. Muito já se escreveu sobre o poeta mais representativo desse grupo, Gonçalves de Magalhães que, com seu poema épico, a *Confederação dos Tamoios*, abriu a guarda para os ataques de um jovem e ambicioso jornalista e escritor, José de Alencar. A má qualidade da poesia de Magalhães que o jovem imperador elegera como fundadora da nacionalidade brasileira, fez vacilar a boa opinião que suas iniciativas, sempre respaldadas pelo IHGB, tiveram em seu tempo. Personagem desse grupo, tão ou mais exuberante que Gonçalves de Magalhães, de quem era amigo íntimo, Manuel de Araújo Porto-Alegre só recentemente vem recebendo maior atenção dos estudiosos, especialmente dos que se dedicam à história da arte no Brasil.

Neste perfil biográfico, o jornalista, escritor e professor Carlos Costa, especialista em estudos sobre história da imprensa brasileira, com especial ênfase nas revistas ilustradas, procura ir além da arte gráfica e plástica de Porto-Alegre para tentar abarcar o personagem como um todo, em todas as suas dimensões intelectuais, pessoais e artísticas. Pois, Porto-Alegre, o "homem-tudo" como o apelidou Max Fleiuss, jogava nas 11. Pintor, desenhista, caricaturista, cenógrafo, arquiteto, decorador, teatrólogo, poeta, escritor e professor, Porto-Alegre é um personagem bastante representativo do espírito que animou a corte de d. Pedro II.

Nascido em uma família do estrato médio da capital de seu estado, o gaúcho Porto-Alegre era um cavador, disposto a obter seu lugar no mundo. E, de fato, tendo conhecido e sido conhecido dos dois imperadores do Brasil, tornou-se importante personalidade da vida pública brasileira do século XIX. Depois de estabelecido no Rio de Janeiro, soube conquistar a amizade e a admiração do artista mais conhecido da chamada Missão Francesa, Jean-Baptiste Debret. Amizade que lhe valeu como bilhete de entrada na Paris da corte de Luis Felipe, onde chegou em 1832 e onde ele e seus amigos Gonçalves de Magalhães e Salles Torres Homem, se viram rapidamente integrados ao prestigioso Instituto de França, onde reinava poderoso um amigo do Brasil, Eugene Monglave. Foi também Monglave que deu o apoio necessário para a publicação de *Nitheroy*, empreendimento editorial dos três jovens amigos e que, apesar da breve existência – não sobreviveu ao segundo número – é um marco nos estudos sobre os primórdios da literatura brasileira. Carlos Costa apresenta de forma detida os dois volumes, comparando os artigos publicados pelos três editores, ressaltando a superioridade intelectual das produções de Sales Torres Homem sobre a dos colegas.

Retornando ao Brasil em 1835, Porto-Alegre se dedicou especialmente à pintura, se destacando também na produção de grandes obras de arquitetura e decoração efêmeras que enfeitaram a corte do Rio de Janeiro durante os festejos da coroação de d. Pedro II, em 1840. Porém, não obteve o mesmo sucesso com o grande quadro em que representou aquele acontecimento que, por rejeitado pelo menino-imperador, restou inconcluso e que assim pode ser visto hoje no salão nobre do IHGB. Isto não impediu que Porto-Alegre fosse muito solicitado para outras encomendas do gênero e seus méritos artísticos o fizeram ser nomeado diretor da Academia de Belas Artes. Cargo que ocupou por pouco tempo.

Ao lado da produção artística, Porto-Alegre se desdobrou em mil atividades, publicando duas revistas literárias importantes para a história das letras no Brasil, *Minerva Brasiliense* e *Guanabara*. Mas, por representar um marco na história da caricatura brasileira, sua produção editorial mais lembrada é *A Lanterna Mágica*, lançada em 1844. Apesar de ter seu nome associado ao surgimento da caricatura no Brasil na obra clássica de Herman Lima, *História da Caricatura no Brasil*, Porto-Alegre, como nos revela o estudo de Carlos Costa, não foi nosso primeiro caricaturista. Antes dele, João Pedro, o Mulato, teria produzido oito aquarelas caricaturais de excelente qualidade, entre 1807 e 1819. No entanto, os trabalhos de João Pedro nunca foram impressos e só recentemente foram descobertos.

De modo que ainda permanece com Porto-Alegre a palma de autor das primeiras caricaturas impressas no Brasil. Em sua pesquisa, Carlos Costa apresenta original contribuição ao analisar as razões da escolha de Justiniano José da Rocha, jornalista político, também considerado o fundador da crítica teatral no Brasil, como alvo das duas caricaturas vendidas como litografias avulsas em 1837. As críticas de Rocha à apresentação do *Prólogo Dramático*, uma das incursões de Porto-Alegre nas artes cênicas, teria motivado as caricaturas, nas quais Justiniano é apresentado como um mulato que veio de São Paulo para a Corte, dirigir o *Correio Oficial*, tendo sido contratado por elevado salário.

Das peças teatrais escritas por Araújo Porto-Alegre, Carlos Costa se detém em duas, o já citado *Prologo Dramático* e *A Estátua Amazônica*. O primeiro espetáculo, que contava no elenco com o grande ator João Caetano, que era também pessoalmente ligado a Porto-Alegre, foi apresentado em 2 de dezembro de 1937, no aniversário do Imperador. Trata-se de uma alegoria em que o Brasil menino é tentado por satã e quase cai no abismo, mas é salvo pelo anjo da verdade. Já a *Estátua amazônica*, descrita como uma "comédia arqueológica", pretendia "desmascarar a falsidade e os excessos do meio acadêmico". Carlos Costa se mostra surpreendido com a extensão dos textos que deveriam ser declamados pelos atores: Que ator seria capaz, mesmo com o auxílio do ponto, de memorizar trechos tão longos?

A fluência verbal parece ser uma marca da obra escrita de Porto-Alegre pois seu *Colombo*, considerado o mais longo poema épico da língua portuguesa, tem 950 páginas e foi publicado em dois volumes. O levantamento da fortuna crítica de *Colombo* feita por Carlos Costa revela que a opinião tem sido quase toda unânime em negar qualquer qualidade a essa obra, no entanto, Silvio Romero viu beleza em alguns quadros ali descritos e destacou o caráter pictórico das imagens apresentadas em versos. "O merecimento capital do poeta rio-grandense era a habilidade em desenhar em seus versos uma série de quadros e cenas exteriores. O colorido não é sempre dos mais brilhantes; mas o desenho é correto e amplo."

No poema, em que Colombo é apresentado como o "Messias do Oceano", Carlos Costa encontra semelhanças entre o personagem e o autor. No final de sua saga, Colombo, se queixa das injustiças que sofreu e se despede da vida cheio de mágoa e rancor por não ter recebido as honrarias e compensações pecuniárias de que se achava merecedor. Também Porto-Alegre se apresenta assim nos *Apontamentos Biográficos* que escreveu, em 1858, vinte e um anos antes de sua morte. Escrevendo na terceira pessoa, constrói uma imagem de si mesmo em que se misturam autoelogios a muitas queixas e lamúrias pelo tanto que sofreu de pobreza, abandono e injustiça.

Trabalho de fôlego em que o autor enfrentou corajosamente a leitura e a apresentação da obra literária, além de se deter sobre aspectos de sua personalidade, Porto-Alegre sai dessa biografia nem tão mal artista e poeta como seus detratores queriam, nem tão bom quando ele mesmo se pensava. Era um homem de seu tempo, vivendo das benesses de uma corte que de fato valorizava o talento, desde que este fosse obediente aos seus códigos. Sua dispersão em tantas atividades talvez tenha sido a causa da superficialidade de seu legado, mas também foi a forma que um jovem brasileiro nascido longe da Corte encontrou para se destacar em um Brasil imperial em que os lugares ao pé do trono eram poucos e precisavam ser ocupados e bem guardados.

Introdução
Um caminho que se faz ao andar

> Caminante, no hay camino, se hace camino al andar. Al andar se hace el camino, y al volver la vista atrás, se ve la senda que nunca se ha de volver a pisar.
>
> *Antonio Machado*

Em sua edição de 4 de março de 2015, em comemoração aos 450 anos da fundação da cidade do Rio de Janeiro, a revista *Veja* publicou uma reportagem especial. Da página 64 até a 97, desfilaram 450 personagens que "mudaram a história do Rio de Janeiro, do Brasil e até do mundo". A revista reitera: "Os 450 homens e mulheres escolhidos formam um painel humano, cultural, artístico, político, econômico e científico que enobrecerá qualquer grande capital do mundo. Suas contribuições, para o bem e para o mal, ainda vivem, mas eles já estão mortos."

O gaúcho Manuel José de Araújo Porto-Alegre (Rio Pardo, 29 de novembro de 1806-Lisboa, 30 de dezembro de 1879), "primeiro e único barão de Santo Ângelo, escritor do romantismo, político e jornalista, pintor, caricaturista, arquiteto, crítico e historiador de arte, professor e diplomata brasileiro", segundo o mantra da Wikipédia, teria ficado muito feliz em ver seu nome em 42º lugar nessa lista de 450 escolhidos.

Sem dúvida, ficaria ainda mais contente ao reparar que dois outros cariocas contemporâneos e parceiros seus em diversas empreitadas não foram incluídos nessa lista de notáveis.

Um deles, considerado o introdutor do romantismo no Brasil, por seus *Suspiros Poéticos e Saudades* (de 1836), é Domingos José Gonçalves de Magalhães (Rio de Janeiro 13 de agosto de 1811-Roma, 10 de julho de 1882). Primeiro e único barão e visconde do Araguaia, Gonçalves Magalhães foi outro polivalente: médico, professor, diplomata, político, poeta, ensaísta, considerado um dos precursores da psicologia entre nós.

O segundo colega, também carioca, ausente da lista é Francisco de Sales Torres Homem (Rio de Janeiro, 29 de janeiro de 1812-Paris, 3 de junho de 1876). Bacharel, jornalista, diplomata, médico e político, Torres Homem também mereceu o título nobiliárquico de visconde de Inhomirim. Mas não consta da lista da revista *Veja*.

Os três compatriotas têm em comum o fato de haverem lançado, em Paris, em 1836, os dois volumes da publicação *Nitheroy, revista brasiliense*, um dos marcos detonadores da discussão do movimento do romantismo no Brasil. Os dois cariocas e o gaúcho têm outro traço comum na biografia: morreram longe da pátria.

Durante muitos anos relegado ao esquecimento, a valorização do trabalho do gaúcho de Rio Pardo é relativamente recente. Quando a atual pesquisa dava os primeiros passos, a proposta era trazer luzes e "problematizar", como se diz agora, a pecha que marcou a biografia de Manuel José de Araújo – nome modificado por ele para Araújo Pitangueira, seguindo a moda que se tornou praxe nos tempos da Independência.[1]

---

1 Muito significativamente, um grande número de pessoas tiraria de seus nomes os patronímicos portugueses e adotaria, em seu lugar, nomes indígenas de árvores e de animais silvestres brasileiros. Em outubro de 1822, o jornal *O Volantim* publicava uma série de anúncios onde pessoas afirmavam haver trocado o nome. [...] O cirurgião Francisco de Sousa Muniz, num sábado, dia 18 de outubro de 1822, anunciou, por meio daquele

Anos depois, o personagem alterou seu nome para Manoel de Araújo Porto-alegre.² É certo que havia poucos trabalhos se debruçando sobre uma visão crítica a respeito do epíteto de "medíocre" com que Porto-Alegre foi carimbado. O fato é que Manuel José de Araújo jazia em um esquecimento quase total.

Um desses trabalhos de revisão crítica da importância de Manuel de Araújo foi o catálogo da exposição "A Comédia Urbana: de Daumier a Porto-Alegre". Realizada de 26 de abril a 22 de junho de 2003 no Museu de Arte Brasileira, da Fundação Armando Álvares Penteado, em São Paulo, a mostra deixou como contribuição maior o catálogo coordenado pela curadora Heliana Angotti Salgueiro. A brilhante análise desenvolvida por João Roberto Faria *(A Lanterna Mágica: imagens da malandragem, entre literatura e teatro)*, incluída no catálogo, não se limitou a repetir dizeres, mas realizou um trabalho de pesquisa em que o autor se debruçou sobre microfilmes, lendo as páginas originais da revista *A Lanterna Mágica*, lançada por Manuel José em 1844, no Rio de Janeiro.³ *Lanterna Mágica* foi nossa primeira publicação de humor político, circulando por 23 edi-

---

jornal, que "querendo imitar honradamente a seus patrícios e possuído de igual patriotismo", declarava que seu nome daquele dia em diante seria "Francisco Paulo de Sousa Malagueta" (Lustosa, 2000, p. 54).
2   Nesse trabalho adotaremos a versão Porto-Alegre, de uso mais comum, embora o próprio Manuel José tenha assinado quase todos os documentos e dedicatórias com minúscula na segunda palavra: Porto-alegre.
3   A publicação, que tinha o subtítulo *Periódico plástico-filosófico*, apresentava dois personagens que criticavam as situações do período na Corte, Laverno e Belchior, à semelhança dos tipos Robert Macaire e Bertrand, criados pelo caricaturista francês Honoré Daumier (influência visível na publicação brasileira, que tinha em Rafael Mendes de Carvalho seu principal desenhista).

ções. Faria revela em seu ensaio ser um excelente repórter no contato direto com a fonte.

Não foi assim como João Roberto Faria que procedeu o contista, memorialista e crítico de arte Herman de Castro Lima (Fortaleza, 1897-Rio de Janeiro, 1981) em seu alentado compêndio *História da Caricatura no Brasil*, publicado em quatro volumes, num total de 1.797 páginas, pela Editora José Olympio em 1963. Ao tratar dos precursores da caricatura em nosso país, no capítulo décimo primeiro (página 717, volume 2), Herman Lima abre seus comentários sobre Porto-Alegre com a ressalva de que irá se ater apenas ao domínio da caricatura:

> Daí que não se estenda por maiores delongas o estudo de sua personalidade no setor da pintura, da escultura ou mesmo no campo das letras a que se afoitaram tantas vezes espíritos irrequietos, de múltiplas curiosidades, por isso mesmo fadados a se malbaratarem em tantos planos, mais de superfície do que de profundidade, especialmente nos primórdios da caricatura brasileira (Lima, 1963, p. 717).

Dois parágrafos a seguir, o Herman Lima decreta: "Ninguém sofreu na sua sensibilidade nem na sua arte mais irreparáveis prejuízos por esses desvios espirituais[4] do que Manuel Araújo Porto-Alegre". Chamando o personagem de músico de sete instrumentos, Lima utiliza um comentário de Silvio Romero sobre o poema épico *Colombo*[5] e uma análise de

---

4 Herman Lima se refere à dispersão, "ante as diversas solicitações intelectuais mal ajustadas: acontecia quase sempre que o moço a quem o futuro acenava com as promessas de uma carreira de fecundo idealismo, logo se perdia na multiplicidade de rumos a que o levava o diletantismo, quando não as dificuldades da vida material ou as enganosas glorificações dos contemporâneos" (Lima, 1963, p. 717).
5 Sílvio Romero: *História da Literatura Brasileira*, vol. 2, Rio de Janeiro: Garnier, 1888. São feitas duas citações: "Seu poema [refere-se a *Colom-*

Gonzaga Duque,⁶ para ferrar a fogo o precursor gaúcho com a marca de medíocre. Nas últimas cinco décadas, o que se fez foi repetir o estigma aplicado por Lima: "medíocre". Mas, como alerta Isabel Lustosa:

> Os quatro volumes da *História da Caricatura no Brasil* foram escritos por um homem sozinho, sem estagiários, sem equipe, em trabalho obsessivo de fanático, a arruinar a vista na Seção de Obras Raras da Biblioteca Nacional. [...]. As maiores qualidades da obra estão no longo e profundo levantamento da caricatura do século dezenove e do começo deste. Talvez Herman Lima devesse ter se limitado ao que inicialmente se propusera: cobrir o primeiro século de história da nossa caricatura, de 1837 a 1937. No entanto, esta opção significaria deixar de fora parte importante da obra de seu caricaturista preferido, J. Carlos, e de muitos caricaturistas que o autor começava a conhecer e a apreciar, como: Nássara, Augusto Rodrigues, Carlos Estevão. Significaria sacrificar a inclusão de todo o ciclo da caricatura brasileira que contemplou o governo Vargas, após o golpe do Estado Novo e a Segunda Grande Guerra. E, por conta do enorme período que abrange, o livro peca por omissão. Nem por isso se pode recusar à *História da Caricatura no Brasil* os títulos que, pelos seus méritos, lhe pertencem (Lustosa, 1998, p. 6).

Mesmo com essa ressalva, incomoda a leitura anacrônica realizada por Herman Lima, como ocorre nesse comentário: "Suas primeiras tendências foram para a pintura, que era

---

bo], segundo o dito de uma célebre personagem, que o lesse até o fim só achou o revisor, e a dita personagem a quem o livro é dedicado" e se trata de "uma pinacoteca cheia de belíssimos quadros perdidos no meio de telas maldispostas e mal-acabadas" (Lima, 1963, p. 720-721).
6 Gonzaga-Duque: *A Arte Brasileira*. Campinas: Mercado das Letras, 1995. Esse livro e o anterior serão fontes em alguns capítulos desse trabalho.

inegavelmente a sua vocação, porém aos dezesseis anos, tendo de escolher uma profissão, inclinou-se estranhamente pela de relojoeiro" (Lima, 1963, p. 718). Como se sabe, o gaúcho não escolheu a profissão de relojoeiro, apenas trabalhou numa oficina para pagar seus estudos. Além disso, no início do século XIX, relojoeiro e ourives eram ofícios de arte.

Mas a situação dos estudos e pesquisas sobre Manuel de Araújo Porto-Alegre foi recentemente alterada pelo aparecimento de uma série de novas publicações.

A mais importante delas, referida em quase todos os trabalhos posteriores, é a dissertação de mestrado de Letícia Squeff, orientada por Elias Thomé Saliba e defendida em 6 de dezembro de 2000 no Departamento de História da Faculdade de Filosofia, Letras e Ciências Humanas da Universidade de São Paulo. A pesquisa de mestrado de Squeff deu origem ao livro *O Brasil nas Letras de um Pintor*, publicado em 2004 pela Editora Unicamp, em Campinas.

A este estudo de Letícia Squeff, seguiu-se seu trabalho de doutoramento, realizado na Faculdade de Arquitetura e Urbanismo da mesma Universidade de São Paulo. Orientada por Ana Maria Beluzzo e defendida em 2006, a tese foi publicada em livro em 2012, pela Edusp/Fapesp, com o título de *Uma Galeria para o Império (A Coleção Escola Brasileira e as Origens do Museu Nacional de Belas Artes)*.

Na sequência, o estudioso carioca Luciano Magno – pseudônimo de Lucio Picanço Muruci – publicou o primeiro volume *(Os precursores e a consolidação da caricatura no brasil)* de sua *História da caricatura brasileira*, projetada para chegar a 7 volumes. Esse primeiro volume, publicado pela Gala Edições em 2012, sob os auspícios da Petrobras, com o copatrocínio da

Eletrobrás, Ministério da Cultura, Suzano Papel e Celulose, além de ser dedicado a Manuel de Araújo Porto-Alegre ("o primeiro caricaturista brasileiro") destina ao precursor gaúcho quatro capítulos, além de um quinto, em que aborda ao longo de 8 páginas a revista *Lanterna Mágica*. É também um retrato de Porto-Alegre que ilustra a quarta capa da publicação (Manuel Araújo também está na primeira capa, no alto, dividindo espaço com o português Rafael Bordalo Pinheiro e com o italiano Ângelo Agostini – os dois maiores caricaturistas que deixaram suas marcas nas revistas ilustradas brasileiras do século XIX). Realizado em 1848 pelo pintor Ferdinand Krumholz,[7] o retrato da contracapa com Porto-Alegre (mostrado em cinco diferentes páginas da publicação) é do acervo do Museu Nacional de Belas Artes, no Rio de Janeiro.

Esse primeiro volume da obra de Luciano Magno é uma edição luxuosa, de 528 páginas, no formato vertical de 23.5 x 31 cm. Impresso em papel couché de 150 gramas, tem 43 páginas em inglês, resenhando os principais personagens apresentados no livro. Araújo Porto-Alegre sai muito engrandecido dessa pesquisa, talvez menos crítica.

Finalmente, em 2014, a exposição "Araújo Porto-Alegre: Singular&Plural", organizada pela curadora Julia Kovensky, coordenadora de Iconografia do Instituto Moreira Salles, e por Letícia Squeff, professora do departamento de História da Arte

---

[7] Um dos principais retratistas em atividade no Rio de Janeiro na segunda metade do século XIX, Ferdinand Krumholz nasceu 1810 em Hof (atual Dvorce), na Morávia (hoje República Tcheca). Formou-se em Viena e em Veneza, indo viver em Paris, exercendo atividade como retratista. Contratado pela Corte Portuguesa, translada-se para Lisboa em 1844. Quatro anos depois, vem para o Rio de Janeiro, onde viveu cinco anos. Volta em 1853 para a Alemanha. Morre em Berna, na Suíça, em 1878.

da Universidade Federal de São Paulo (Unifesp), esteve em cartaz no Rio de Janeiro entre os dias 19 de fevereiro e 13 de abril de 2014, continuando depois em São Paulo, de 6 de junho a 21 de setembro do mesmo ano.

Para dar visibilidade a trabalhos desconhecidos do artista gaúcho (alguns de seus trabalhos já haviam causado surpresa na megaexposição "A Mostra do Redescobrimento", ou "Brasil+500"),[8] essa produção do Instituto Moreira Salles apresentou cerca de 90 obras de Manuel de Araújo Porto-Alegre, reunindo desenhos feitos a grafite e a nanquim, aquarelas, esboços – com destaque para a sua produção gráfica.

Ao se propor relacionar esses esboços (notadamente a produção reunida no Álbum de Araújo Porto-Alegre, espécie de anotações de viagens, com bosquejos e desenhos elaborados durante sua primeira estadia na Europa, entre 1831 e 1837) com outras produções posteriores do autor e com obras de outros artistas a que esteve ligado, fosse como professor ou como crítico, essa exibição proposta pelo Instituto Moreira Salles foi

---

8 A Mostra do Redescobrimento, ou Brasil+500, foi uma megaexposição de arte que se realizou em comemoração dos 500 anos do descobrimento do Brasil, em São Paulo. Exibida de 23 de abril a 7 de setembro de 2000, no Parque Ibirapuera, na cidade de São Paulo, foi a maior exposição já montada na América Latina, com 15 mil obras dispostas em 60 mil metros quadrados. Muitas dessas obras vieram de fora do país, como a tela *Carro de Boi*, do pintor holandês Frans Post, que o Museu do Louvre liberou pela primeira vez para empréstimo, após muita negociação. Ou o manto dos índios tupinambás, que retornou ao Brasil depois de passar décadas no departamento de etnografia do Museu Nacional da Dinamarca. A mostra, antes de seu encerramento definitivo, em dezembro de 2002, foi exibida em outras dezesseis capitais brasileiras e em dezessete museus no exterior. Participando de um dos espaços da mostra (A Arte Brasileira do Século XIX), algumas obras de Manuel de Araújo Porto-Alegre foram "redescobertas" nessa ampla exibição da arte produzida pelos brasileiros em cinco séculos de história.

um marco. Para isso, as organizadoras, além dos trabalhos do acervo do IMS, reuniram obras que pertencem a instituições como o Museu Nacional de Belas Artes, a Fundação Biblioteca Nacional, o Museu Júlio de Castilhos, da cidade de Porto Alegre, além de peças do Museu de Arte do Rio Grande do Sul Ado Malagoli (Margs), do Museu d. João VI da Escola de Belas Artes (UFRJ), e do Museu Imperial e do Museu Histórico Nacional, além de trabalhos de coleções particulares.

A mostra do IMS proporcionou também a oportunidade única de conferir o controverso Álbum de Pinta-Monos, sátiras anônimas contra Manuel de Araújo, criadas por algum desafeto em 1857. Sabia-se da existência desse álbum pelas queixas registradas por Manuel José em seus esboços autobiográficos – aliás, duas marcas do personagem que serão tratadas no capitulo 2: a de mostrar sempre um viés queixoso e a de se preocupar com o seu próprio registro biográfico – mas o teor dos desenhos era quase desconhecido.

O legado maior dessa empreitada do Instituto Moreira Salles, porém, foi o luxuoso catálogo, formato caderno, de 26,5 x 20 cm, 368 páginas. Esse livro de capa dura, além de reproduzir os citados Álbum de Araújo Porto-Alegre e o Álbum de Pinta-Monos, reúne diversos esboços, projetos, desenhos, pinturas, aquarelas do autor – com artigos assinados pela curadora Julia Kovensky; a pesquisadora Letícia Squeff; Claudia Valladão de Mattos, livre-docente no Instituto de Artes da Universidade Estadual de Campinas; a arquiteta Valéria Piccoli, curadora-chefe da Pinacoteca do Estado de São Paulo e especialista em século XIX; Paulo Mugayar Kühl, livre docente e professor da Unicamp; além do excelente ensaio do carioca, historiador de design e curador, Rafael Cardoso Denis (que comparece com seu trabalho "A vingança de Pinta-Monos: por uma reavaliação de Araújo Porto-Alegre como artista", uma das mais lúcidas abordagens críticas sobre o trabalho do precursor gaúcho).

A realização da mostra "Araújo Porto-Alegre: Singular&Plural" – e a publicação do catálogo da mostra – veio preencher a lacuna que originalmente esta pesquisa de pós-doutorado se propunha a preencher.

A curiosidade pelo lugar e o papel que cabe a Manuel de Araújo Porto-Alegre na história da imprensa no Brasil surgiu ao longo de mais de uma década, no período em que ministrei a disciplina de História da Comunicação no curso de graduação em Jornalismo da Faculdade Cásper Líbero. O conhecimento sobre fatos, documentos, momentos e movimentos dessa história foi se sedimentando com leituras e pesquisas realizadas ao longo desses anos de parceria com os discentes e seus trabalhos de pesquisa. Muitas convicções foram se consolidando. Algumas das correções pontuais a ensaios que ia compondo nos diferentes cursos foram trazidos por alunos.[9]

Ao decidir voltar aos estudos e à pesquisa sistematizada, duas propostas se apresentavam. Uma era realizar a retomada de análise de uma revista, *O Mosquito* (1869-1875), publicação semanal satírica e ilustrada pela qual passaram os três maiores

---

9 Dois exemplos concretos dessas correções feitas por alunos são a data de nascimento do advogado e jornalista Justiniano José da Rocha, citado pela historiografia oficial como nascido em 28 de novembro de 1812, e não em 1811, como é o correto. Uma aluna consultara a biografia escrita por Elmano Cardim, que desfazia o engano. Outra data corrigida por alunos foi a da morte do grande editor Francisco de Paula Brito. Na tese de doutorado consta a morte dia 1 de dezembro de 1861; a Wikipédia registra dia 5. A data correta é 15 de dezembro, como consta no livro *A Revista no Brasil do Século XX*, resultado da pesquisa de doutorado. A correção foi indicação de um aluno que teve acesso à cópia do livro *Poesias de Francisco de Paula Brito*, publicado pela Tipografia Paula Brito

artistas gráficos que atuaram no Brasil do século XIX: fundada pelo sergipano Cândido Aragonez de Faria (1849-1911),[10] a revista teve depois à sua frente o italiano e grande repórter do lápis, Angelo Agostini (1843-1910), e finalmente o multimídia português Rafael Bordalo Pinheiro (1846-1905). Essa continuação de estudos sobre *O Mosquito* fora proposta, na banca de defesa do doutorado, pelo pesquisador Gilberto Maringoni, doutor em História Social e um especialista em Ângelo Agostini.

Dadas as facilidades da pesquisa em nossos tempos de internet, um estudo crítico da revista *O Mosquito* teria sido uma empreitada bela e fácil. Mas de algum modo seria voltar a trilhar um caminho já percorrido no doutorado, além de haver farta bibliografia sobre o período – com exceção do trabalho de Cândido Aragonez de Faria, uma pesquisa ainda a ser realizada. Talvez por isso – e pelo fato de participar de um Grupo de Pesquisa do Programa de Pós-Graduação da Faculdade Cásper Líbero, "Comunicação e Cultura Visual" – a segunda alternativa, de recuperar com visão crítica a obra de Manuel de Araújo e o impacto da introdução da caricatura na imprensa brasileira, acabou prevalecendo.

Embora a pesquisa de doutorado (*A Revista no Brasil do Século XIX, a história da formação das publicações, do leitor e da identidade do brasileiro*) tivesse apresentado um foco mais ge-

---

em 1863 (dois anos após a morte do editor), digitalizada pela Biblioteca da Universidade de Princeton. O livro tem um estudo introdutório e biográfico de autoria de Manuel Duarte Moreira de Azevedo (1832-1903), contemporâneo do editor, em que a data correta é esclarecida.

10 Outro dos personagens caídos no esquecimento, Cândido Aragonez Faria teve sua história contada por Herman de Lima e por Antonio Luiz Cagnin. Faria nasceu em Laranjeiras, Sergipe, estudou e atuou no Rio de Janeiro, em Porto Alegre e em Buenos Aires, tendo o auge de sua carreira ocorrido em Paris, como o primeiro cartazista (*affichiste*) da iniciante história do cinema.

neralista, como um grande painel, algo que a pesquisa sobre a revista *O Mosquito* certamente não teria, estudar a obra de Porto-Alegre abria a possibilidade de discorrer sobre a introdução da imagem na imprensa do século XIX, discorrer sobre o déficit da educação visual – um contraponto ao momento atual em que vivemos mergulhados em um excesso de informação visual. Afinal, nunca tivemos tanto acesso às imagens e, paradoxalmente, nunca elas significaram tão pouco, pois "o que há quase meio século era uma atração baseada na imagem converteu-se numa atração sustentada na velocidade da imagem" (Sarlo, 2000, p. 58).

A proposta inicial do projeto, discutido com o supervisor João Roberto Faria, era redigir três ensaios de aproximadamente 25 mil caracteres cada um. O primeiro abordaria a obra literária de Manuel de Araújo, com destaque para sua produção teatral. O segundo abordaria ideias e propostas pedagógicas (no seu trabalho de diretor e reformulador da Imperial Academia de Belas Artes). O terceiro abordaria sua produção artística como pintor, arquiteto, aquarelista e caricaturista.

Após a leitura dos dois volumes das obras de teatro de Araújo Porto-Alegre, acompanhadas comparativamente com estudos da obra de outro contemporâneo, Luís Carlos Martins Pena (1815-1848), além do fichamento de muitos livros sobre o autor e sobre o romantismo, as discussões sobre classicismo x romantismo; de algum modo os acontecimentos alteraram o "estado da arte". Como se viu acima, algumas obras, mas sobretudo a exposição "Araújo Porto-Alegre: Singular&Plural" – e seu brilhante catálogo – promovida pelo Instituto Moreira Salles, respondiam a muitas das perguntas que inicialmente esta pesquisa se propusera a responder.

Assim, a leitura e o comentário do poema épico *Colombo* vieram a ocupar lugar de destaque neste projeto. Publicado pela Livraria de B.L. Garnier no Rio de Janeiro em 1866, mas impresso na Imperial e Real Typographia de Viena, o livro, em dois volumes, foi dedicado à Sua Majestade o Senhor D. Pedro Segundo, imperador constitucional e defensor perpétuo do Brasil. Era sobre esse poema épico que se criou a lenda, atribuída a Silvio Romero, de que apenas o revisor e o imperador, a quem fora dedicada a obra, o teriam lido. Pode até não estar longe da verdade, mas o autor deste trabalho somou mais um leitor à trajetória de recepção do livro – que em 2016 completou 150 anos. Essa leitura crítica do *Colombo*, tarefa realizada em finais de semana prolongados, como carnaval ou semana santa, compensou o "furo" levado pela empreitada do Instituto Moreira Salles.

Ao longo dos três anos de elaboração desse ensaio, iniciado como um trabalho acadêmico de pós-doutoramento, muitas leituras vieram compor essa trama (para usar a expressão de Barthes) final. Foi assim com a leitura de um livro que jazia na minha biblioteca e levado para as férias no Natal, em Londrina: *Mozart, a Sociologia de um Gênio*, de Norbert Elias, trouxe chaves para entender aspectos cortesãos de nosso Manuel Araújo; o delicioso *La Pasión de ser Mujer*, de Eugenia Tusquets e Susana Frouchatmann, deu pistas sobre o modo de narrar trechos da vida do nosso biografado; um presente do último natal (o de 2017), *Imperador Cidadão*, trabalho surpreendente do canadense Roderick J. Barman, trouxe pistas do porquê o jovem Pedro II não encomendou a tela da coroação a Manuel de Araújo.

O resultado foi se desenhando em capítulos, que adianto a seguir.

O primeiro tenta responder a uma pergunta muito ouvida ao longo dessas leituras. Por que o Século XIX? "Lev Manovich versus Ramon Llull" é, portanto, uma resposta aos que acham perda de tempo entender o passado (capítulo 1). Chama a atenção a preocupação de Araújo de Porto-Alegre com o que iriam pensar dele os que viessem depois. Mais de vinte anos antes de seu falecimento, ele redigiu seus *Apontamentos Biográficos*, opúsculo que norteou quase todos os textos sobre eles escritos. "Faz-se necessário muito cuidado para não se cair nas armadilhas biográficas lançadas pelo próprio Porto-Alegre", recomenda o crítico Rafael Cardoso. E tivemos esse cuidado ao escrever o segundo capítulo: "A construção de uma biografia".

Quase no final da vida, cônsul do Brasil em Lisboa, Manuel de Araújo recebe a visita de seu ex-aluno Pedro Américo, agora seu genro após casar com Carlota, filha de nosso personagem. O discípulo pede para retratar o sogro. Manuel Araújo, sempre defendendo com ênfase as artes visuais e combatendo a cultura beletrista nacional, se contradiz e prefere ser pintado como escritor. Esse é o mote do capítulo 3: "Vale o escrito". O capítulo 4 faz uma análise do pioneirismo da revista *Nitheroy*, criada pelo trio que abriu essa introdução: Domingos José Gonçalves de Magalhães, Francisco de Sales Torres Homem e o próprio Manuel Jose. "Análise de *Nitheroy*: revista divisora de águas?" Já a produção dramatúrgica do artista gaúcho ocupa o capítulo 5: "Pausa breve, falas descomunais". O capítulo 6 reúne histórias sobre a produção visual de Porto-Alegre na caricatura, na pintura e nas aquarelas. E pergunta "Tela vale mais do que aquarela?"

As considerações finais estão reunidas no 7 e último capítulo. É onde se discute a falta de foco do artista Manuel

José de Araújo Porto-Alegre. Norbert Elias é uma das chaves, Mas não iremos adiantar e nem pôr a carroça na frente dos bois. Boa leitura.

1. Por que o século XIX?
Lev Manovich versus Ramon Llull

O bilheteiro do cinema Nouvel Odéon, no número 6 da Rue de l'Ecole de Médecine, não aceitou vender o tíquete de entrada uma hora antes do início da sessão. Nem deixou entrar no L'Espace Bar, num plano mais baixo à direita da bilheteria, supostamente um lugar de espera. Os ingressos, insistia o senhor, seriam vendidos apenas 10 minutos antes da hora designada para a próxima projeção, marcada para as oito e dez da noite. A preocupação em "garantir um lugar" fazia sentido na cabeça desse escriba. Era a oportunidade quase única de ver o novo filme de Jean Luc Godard, o 39º da carreira deste cineasta que, aos 83 anos, continua tão provocante quanto no final dos anos 1960, quando conheci seus filmes nos cinemas de Curitiba, nos tempos de estudante de filosofia. Comecei essa empreitada de assistir aos filmes de Godard por *O Desprezo* (de 1963, inspirado na novela homônima de Alberto Moravia e estrelado por Brigitte Bardot) e a partir daí assisti a quase todas suas produções naquela década. Com destaque para *O Acossado* (*À bout de souffle*, na realidade de 1959), visto inúmeras vezes (está no catálogo fixo dos filmes de bordo da Air France), *O Demônio das Onze Horas*

(*Pierrot le Fou*, 1965); *Masculino-Feminino* (1966), *A Chinesa* (1967), *Duas ou Três Coisas que Sei Dela* (1967), e o *Weekend à Francesa* (1967), entre outros. Depois veio o Maio de 1968 e o cineasta entrou em viagens experimentais de difícil digestão, e deixei-o meio de lado.

Continuo emprestando filmes do cineasta disponíveis no acervo da Biblioteca da Faculdade Cásper Líbero, em São Paulo, que dispõe de excelente videoteca. Revejo quase todas as primeiras películas – e assisti sem tanto entusiasmo o polêmico *Je Vous Salue, Marie*, de 1986. Filme que proporcionou ao recém-empossado presidente José Sarney a primeira de suas muitas escorregadelas. Meses antes, a censura fora abolida pelo ministro de Justiça Fernando Lyra. Antecipando-se à ala conservadora da igreja – o filme foi proibido em diversos países da Europa –, Sarney vetou a exibição da obra em todo o território nacional, isso pós-ditadura e com a censura suspensa. *Je Vous Salue, Marie* mostra Maria como filha de um frentista e jogadora de um time de basquete, e José é motorista de táxi. Gente simples, como os pais de Jesus no tempo de Herodes. Mas, em suma, é um filme chato. Não fosse proibida, essa produção franco-britânico-suíça teria ficado em cartaz alguns dias, por falta de público.

Mas agora corria o mês de julho de 2014, o filme de Godard fora ovacionado em 21 de maio em Cannes (ganhou o prêmio do júri), a expectativa de assistir à obra num tradicional cinema de arte da capital francesa era atraente. Sobretudo pelas magras possibilidades de que o título fosse lançado nos cinemas daqui. (O que de fato ocorreu, em julho de 2015.) E se o próprio Godard garantira que *Adeus à Linguagem* era seu melhor filme, por que teria de duvidar? E lá estava eu, no sábado 12 de julho de 2014, preocupado com a hipótese de não conseguir um lugar. Pensava que se formaria uma longa, interminável fila. Mas ao final, a sessão começou com menos de trinta pessoas na sala, quase todas de minha idade, ocupando menos de 30% dos assentos. Quando apareceu o letreiro de "Fim", apenas dois espectadores aplaudiram, um era este fã.

No release do filme, Godard explica que "a proposta é simples: uma mulher casada e um homem livre se encontram. Eles amam, brigam. Um cão perambula entre a cidade e o campo. As estações do ano passam. O homem e a mulher se encontram. A cão se encontra entre eles. Um é o outro". Nessas idas e vindas, são discutidos temas como a dificuldade de viver na solidão, um não existe sem o outro para espelhar-se. O cão não fala, mas se expressa pelo olhar. O filme, como um romance de ficção, segue a numeração de capítulos. A palavra, a metáfora, o adeus, no que Godard definiu como uma "valsa filmada".

Godard explora as virtualidades do 3D para criar um clima eletrizante de mistura de imagens e efeitos. A neve e as gotas no para-brisas do carro, luzes desfocadas de outros carros na autopista, imagens de outros filmes, algumas confusas, takes de guerra, numa mixagem que nos faz sentir numa montanha russa visual. Um grupo de compradores em uma banca de livros opera freneticamente seus smartphones, frases entrecortadas. Uma limusine passa e da janela um homem vestido de negro aponta a arma. Corte para mais cenas de guerra. Ruído de explosão. A palavra guerra repetida diversas vezes. Corte para cenas de flores coloridas, visões oníricas com a profundidade possibilitada pelo 3D. Imagens superexpostas. Logo será o colorido outonal, de folhas amareladas e avermelhadas caindo suavemente, abusando do efeito plástico do recurso da terceira dimensão. Um bosque e um lago. Nesse momento plácido, vemos Mary Shelley e Lord Byron em roupas de época. Ela rascando uma pluma de ganso a escrever seu *Frankenstein* numa folha áspera. Há citações da "biblioteca pessoal" de Godard: Maurice Blanchot, Pierre Clastres, Van Gogh e Monet, que tem uma citação mostrada numa placa: "Não pinte o que você vê, uma vez que não vemos nada, pinte o que não é visto". Há ainda outras citações, como as imagens do livro do artista franco-russo Nicholas de Staël, com a profusão de cores fortes.

A trilha sonora cria tensão, com quatro ou cinco compassos de Beethoven ou de Tchaikovsky, abruptamente interrompidos. (O casal de meia idade a meu lado tentava localizar os trechos da *Nona Sinfonia* ou do *Quebra-Nozes*, que no filme mais se adivinham, como na experiência de ver uma imagem muito rápida e próxima).

Mas Roxy Miéville é o ator desconhecido e a figura emblemática deste *Adeus à Linguagem*: o cachorro de estimação de Godard (Miéville é o sobrenome de Anne-Marie, terceira e atual esposa de Jean-Luc). O cão está presente no filme e pontua muitas das narrações em off que falam sobre a dificuldade de encarar a solidão, de como nos encontramos no olhar do outro. A cena em que Roxy, escondido embaixo da cama, olha para a câmara (um pequeno trecho no final do trailer, vale conferir) é sublime. O cachorro é o herói do filme. Se ele não fala, está a insinuar, o tempo todo, que a comunicação está mais no olhar do que na fala.

Ao sair do cinema, quase 10 da noite (a película tem setenta minutos) com céu ainda claro no verão de Paris, senti a vista atordoada. O filme, espécie de acrobacia visual, exigiu demais desses olhos que já viram muito, mas ainda não viram tudo.

Mas afinal, disso tudo, o que nos interessa dessa longa narrativa? É que Godard nesse filme volta até maio de 1816, quando Mary Shelley,[1] seu marido Percy Bisshe Shelley e Lord Byron viviam perto do Lago Genebra, na Suíça. Foi ali que Mary escreveu seu famoso *Frankenstein*. Mary, Percy e Byron: um triângulo célebre por suas heterodoxas histórias de relacionamentos, de ménages, de envolvimentos homoafetivos que ainda hoje escandalizariam a muitos. Esse trio focado por Godard é um contraponto à história de relacionamento de *Adeus à Linguagem*. E uma mostra de que ainda vivemos rescaldos do século XIX. Um século que ainda não acabou – ou pelo menos ainda não exauriu todas as suas virtualidades.

Manovich versus Ramon Llull
(ou o passado não fica logo ali)

"Bem-vindos ao mundo da mudança permanente: o mundo que hoje em dia não se define por pesadas máquinas industriais que mudam de vez em quando, mas pelo software que se encontra em um fluxo permanente." É assim que Lev Manovich[2] introduz a discussão sobre o pensamento na era da interface em seu livro *Software Takes Command* (2013), o "pri-

---

1 A escritora Mary Wollstonecraft Shelley (1797-1851) era filha do filósofo William Godwin (1756-1836) e da pedagoga e escritora Mary Wollstonecraft (1759-1797). William Godwin foi um dos pais do anarquismo. Mary Wollstonecraft foi uma das primeiras feministas britânicas, autora do livro *A Vindication of the Rights of Woman* (1792), em que defende que as mulheres não são, por natureza, inferiores aos homens, mas apenas aparentam ser por falta de instrução e formação escolar. Até ao final do século XX, Mary Wollstonecraft foi mais conhecida por suas várias relações pessoais não convencionais do que por seus trabalhos. Mas não no Brasil. Aqui seu livro ganhou uma versão glosada por nossa primeira jornalista, Nísia Floresta Brasileira Augusta (1810-1885): o livro *Direitos das Mulheres e Injustiça dos Homens* foi publicado no Recife em 1832, pela Typographia Fidedigna.

2 Lev Manovich, nascido em Moscou em 1960, crítico de cinema e professor universitário estabelecido nos Estados Unidos, é pesquisador na área de novas mídias, mídias digitais, design e estudos do software. Seu livro mais famoso é *A Linguagem dos novos meios de comunicação*, de 2001.

meiro a oferecer uma rigorosa teoria da tecnologia que todos usamos diariamente – softwares de autoria de mídia, de acesso e de compartilhamento", afirma o autor em seu site na web.

O software se converteu em nossa interface com o mundo, com os outros, com nossa memória e nossa imaginação: uma linguagem universal que o mundo usa para falar e um motor universal que propulsiona o mundo. O que a eletricidade e o motor de combustão representaram para os primeiros anos do século XX é hoje o software para os primeiros anos do XXI (Manovich, 2013, p. 16).

Para buscar as origens desse mundo novo, Lev Manovich retrocede até 1974 e ao livro A Mecanização Assume o Comando. Uma contribuição à história anônima, do historiador e crítico da arquitetura Sigfried Giedion:

> Nessa obra Giedion desenha a evolução da mecanização da sociedade industrial por meio de distintas disciplinas, entre elas os sistemas de higiene e de gestão de resíduos, a moda, a produção agrícola ou o sistema alimentar, com seções do livro dedicadas ao pão, à carne ou à refrigeração. Ainda que mais modesto em seu campo de estudo, meu livro apresenta episódios da história da softwearização (o neologismo é meu) da cultura entre os anos 1960 e 2010, focando atenção particular ao software de meios, desde as ideias originais que gestaram seu desenvolvimento até sua atual onipresença (Manovich, 2013, p. 21).

Por menos chocante que possa parecer, é um mergulho demasiado raso. Nem é preciso remeter a discussão do tema do "software como nossa interface com o mundo" à invenção da arte da memória por Simônides,[3] contada por Cícero em seu *De oratore*, obra de 55 a.c. Ou, antes de Cícero, a duas outras descrições da mnemônica clássica que chegaram até nós, em tratados de retórica em que a memória é tratada como uma de suas partes. Uma dessas descrições é o texto anônimo *Ad Herennium de Ratione Dicendi*,[4] único documento completo e remanescente da antiguidade grega e latina. A outra descrição da arte da memória está na obra *Institutio Oratoria*, do romano Marco Fabio Quintiliano (35 a 95 da era Cristã) (Yates, 2007: 18). Tampouco é mister discorrer sobre a Mnémosyne.[5]

Basta retroceder até a era medieval e pelas mãos do filósofo catalão Ramon Llull (1272-1316),[6] encontramos a arte da memória baseada na alegoria da *Arbor Scientiae* [figura 1]. Ali se estrutura o conjunto de conhecimentos agrupados em flores-

---
3   Simônides de Ceos (+/- 556 a.c.- 468 a.c.), poeta grego, foi o primeiro a tornar a récita de poesia um ofício, pois ele cobrava por ministrar esse ensinamento. É atribuída a ele a famosa definição: "A pintura é uma Poesia silenciosa e a Poesia é uma pintura que fala".
4   Em "A razão de falar", escrito entre 86 e 82 a.c., o autor define a memória como um atributo importante para o orador e a distingue entre a memória natural e a memória artificial. A primeira é inserida na alma no nascimento, junto com o pensamento e as outras faculdades. A segunda é fortalecida pelo treinamento técnico de imprimir "lugares" e "imagens" na memória, o que poderia ser uma "rede exo-cerebral" ou "circuitos externos de memórias" (Peter Burke, 2003, p. 82).
5   Memória personificada, filha de Urano (o Céu) e de Gaia (a Terra), Mnemosine é uma das seis Titanides. Durante nove noites seguidas Zeus a possuiu e dessa união nasceram as nove Musas: Calíope, Clio, Érato, Euterpe, Melpômene, Polímnia, Terpsícore, Tália e Urânia. Mnémosyne é preservadora do esquecimento e divindade da enumeração vivificadora frente aos perigos da infinitude, do esquecimento.
6   Raimundo Lúlio, ou Raymond Llulle, segundo a Wikipédia, foi o mais importante escritor, filósofo, poeta, missionário e teólogo da língua catalã. Autor prolífico também em árabe e latim, bem como na langue d'Oc. É beato da Igreja Católica.

tas, sendo a imagem da árvore⁷ a metáfora para o crescimento da natureza e do saber (Oliveira, 2018, p. 225-233).

Llull também concebe um modo diferente de representar o mundo, buscando na cabala uma representação alfanumérica [figura 2]. Ao mover os mecanismos imaginários, cria-se uma combinatória de letras que representam o mundo. O llullismo se espalhou pela Europa até o século XVII, apesar da perseguição do inquisidor catalão Nicolau de Eymerich (1320-1399). As ideias de Llull alcançam o auge no Renascimento, sobretudo por causa de seus seguidores, entre eles Nicolau de Cusa.

O cultivo da arte da memória teve seu apogeu na Itália, entre os séculos XV e XVI, e muito se deve ao conceito de "Teatro da Memória", de Giulio Camillo (1480-1544). A *Ars Magna* pensada por Llull foi elevada por Giordano Bruno (1548-1600) ao status de *link*: onde "aprender pensamentos" se transforma em "aprender a pensar" para nutrir hoje a cultura digital (Oliveira, 2015, p. 13). Os dispositivos de Bruno (Rodas da Memória) antecipam a importância das interações no desenvolvimento da Cibernética. Inspirado por Ramon Llull e seu antecessor, Nicolau Copérnico (1473-1543), Bruno cria o que seriam os *links* no conceito contemporâneo. Ou seja, janelas que se abrem para novas conexões no centro do seu trabalho. Bruno estava interessado na natureza das ideias e no processo associativo operante na mente humana, ao mesmo tempo em que buscava dar um embasamento filosófico para as grandes descobertas científicas de seu tempo.

---

7 Curiosamente, também Lev Manovich utiliza a figura da árvore em seu livro, na página 40, referindo-se ao padrão de computador Tree recursion. O crítico russo-americano mexe sem saber com a arqueologia da interface. Para isso, é bom conferir: https://mitpress.mit.edu/sicp/chapter1/node13.html.

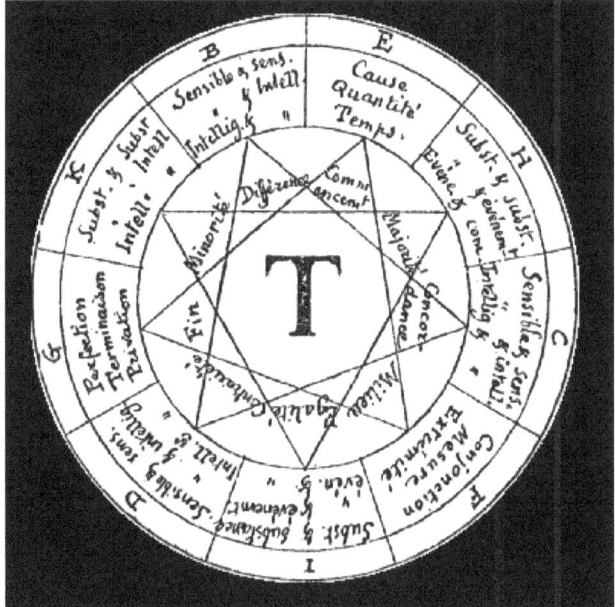

Figuras 1 e 2. A árvore das ciências de Ramon Llull, de 1663 (Biblioteca Nacional de España); e a reprodução de uma das máquinas de Llull, *Ars Brevis* (1901). O disco central e os dois anéis são móveis.

Já no final do Renascimento, Giordano Bruno incorpora elementos da cabala e do neoplatonismo para impulsionar uma revolução global no modo de pensar que, "comparado a Giulio Camillo, utiliza de forma mais audaciosa imagens e signos notoriamente mágicos, dentro da tradição da memória oculta" (Yates, 2007, p. 261).

Por que o século XIX?

"Por que uma pesquisa sobre o século XIX?", é a pergunta que invariavelmente escutei ao longo dos três anos desse trabalho. Num mundo de conhecimento online, hiperlinks, hipertexto, graphic knowledge, interfaces, por que essa busca de perguntas no passado? Interfaces (dobradiças)? E por que não as experimentações do século XIV? Essa estranheza de muitos interlocutores revela um dos sintomas de nosso tempo. E nisso Lev Manovich está em boa companhia. Acredita-se que o mundo começa com a internet e, como ele, busca-se o passado em 1974. Como se os links e intertextos não existissem no tempo dos códices, como já mostraram Alberto Manguel (2009) ou Peter Burke (2000). Foi por volta do ano de 1300 que o catalão Ramon Llull escreveu *Árvore do Conhecimento* – em que antecipa muitos desses conceitos e descobertas que hoje nos deslumbram, criando uma forma de argumentação baseada na automatização do pensamento. "A imagem da árvore ilustra um fenômeno central em história cultural, a naturalização do convencional, ou a apresentação da cultura como se fosse a natureza; da invenção como se fosse descoberta" (Burke, 2003, p. 82).

Llull, como seus seguidores Giulio Camillo e Giordano Bruno, estão sendo agora redescobertos pelos que atualmente estudam a interface, como o pesquisador José Geraldo de Oliveira (2015) ou seu mentor Josep María Català Domènech (2010).

Se o século XVIII ficou conhecido como "o século das luzes", o que lhe seguiu é festejado como o "século das ciências."[8] Afinal, o século XIX viu-se a si próprio como um momento especial da história da humanidade. Um período em que os homens chegavam ao topo na caminhada pelo saber iniciada com o Renascimento. A visão de mundo do homem ilustrado dessa época, que já se reformulava desde os tempos de Copérnico, conheceu saltos consideráveis. A contribuição de Charles Darwin (1809-1882), com a teoria da evolução das espécies, revolucionou a biologia. O homem deixa de se ver criado à imagem e semelhança de Deus para se entender como o elo de uma cadeia em constante progressão. Ele se assume senhor e dono do seu destino e responsável por seus atos, pensamentos e desejos. Enquanto o mundo assiste deslumbrado à sucessão de invenções e de novidades tecnológicas trazidas pelo progresso, Sigmund Freud (1856-1939) publica seus primeiros estudos sobre a psicanálise, mudando a concepção que o homem tinha sobre si mesmo.

Contrariamente ao que regia o mundo pré-Copérnico, esse período que precede a modernidade dominou a linguagem da ciência. E este saber está agora a serviço do homem e do bem-estar da humanidade: os avanços da física, para ficar em um exemplo, se traduziam na iluminação elétrica das ruas e das casas,

---

8   Em linhas gerais essa reflexão sobre o século XIX é um resumo de parte do primeiro capítulo de meu livro A *Revista no Brasil do* Século XIX (2013), publicação do doutorado defendido em 2007. Mas muitos desses dados foram copilados do capítulo 4, "Processos e padrões", escrito por Asa Briggs, em BRIGGS, Asa e BURKE, Peter. *Uma história social da mídia*. Rio de Janeiro: Jorge Zahar Editor, 2004.

proporcionando conforto e novas possibilidades de convivência e de aproveitamento do tempo. O antigo sonho da fotografia, para ficar em outro exemplo, se torna possível na primeira metade do século XIX, graças aos avanços na área da química. Mais adiante, cinco décadas depois, chega-se ao cinematógrafo e à imagem em movimento dos irmãos Lumière, em 1895.

A invenção e o aperfeiçoamento da máquina a vapor, das ferrovias, dos correios, do telégrafo vieram encurtar as distâncias e mudar o modo de ver o mundo. Em 1830 é inaugurada a primeira linha ferroviária ligando Manchester a Liverpool. Em 1839, o navio *Sirius* completa a primeira viagem transatlântica impulsionada a vapor, completando o trecho Bristol–Nova York em dezoito dias e dez horas. Em 1840, a Grã-Bretanha adota o selo postal, imprimindo uma nova vitalidade às comunicações por correio, mediante a tarifa pré-paga. Em 1849 o alemão Julius Reuters funda em Londres sua companhia de despachos noticiosos telegráficos, a Agência Reuters. Em 1851 é feita a ligação telegráfica por cabo submarino no Canal da Mancha, ligando a Grã-Bretanha à França e ao continente europeu.

No Brasil, em 1852, é inaugurada a primeira linha telegráfica, ligando o Palácio Imperial, na Quinta da Boa Vista, ao Quartel General no Campo de Santana. Em 1866, após dez anos e quatro dispendiosas tentativas, é completada a ligação telegráfica submarina entre a Europa e os Estados Unidos. Em 10 de maio de 1869 é inaugurada a ligação ferroviária entre a cidade de Nova York e a de San Francisco, com a primeira ferrovia transcontinental ligando a costa leste à costa oeste americana. No mesmo ano, com música de Verdi, é inaugurado o Canal de Suez, conectando o Mediterrâneo com o Oceano Índico, revolucionando as comunicações marítimas entre o Ocidente e o Oriente. Em 1876, durante a Exposição de Filadélfia, comemorando os cem anos da Independência americana, o escocês-americano Graham Bell faz demonstrações do telefone. Até no Brasil, um padre jesuíta, o gaúcho Roberto Landell de Moura, conseguia, em 1894, transmitir sinais e sons por meio de ondas, num esboço do que será o rádio patenteado anos depois por Marconi.

O mundo chega ao final do século XIX celebrando esses avanços com a grande exposição universal de Paris, a primeira cidade iluminada pela eletricidade, a "cidade luz". É um mundo confiante nas bondades da ciência e aprofundando seu distanciamento do teocentrismo, a sistematização realizada pela Escolástica em que Deus ocupara o centro do universo. Essa visão místico-religiosa que fundamentou a Idade Média dava lugar a uma nova ordem, em que a ciência parecia cada vez mais ser o ápice do saber e o caminho mais viável para o desenvolvimento humano. Tão grande foi essa crença que, ao chegar ao final dos anos 1800, pensava-se que havia muito pouco ainda para ser descoberto, em termos de ciência. Quase tudo o que se referisse à natureza poderia ser explicado com base nas ciências desenvolvidas até então. O "pouco" que não se sabia explicar, acreditava-se, seria resolvido em um futuro próximo com base nas ideias desenvolvidas até aí (Costa, 2013). Agora, o homem ocupava o lugar do rei, como escreve Foucault em *As Palavras e as Coisas*, ao comentar o quadro de Velázquez.

E foi nesse século XIX que se consolidou o conceito da "identidade nacional", sintetizando um conjunto de sentimentos que fazem um indivíduo sentir-se parte integrante de uma sociedade ou nação. Antes, não havia a concepção de nação como tal. Ela se constrói por meio de uma autodescrição da cultura patrimonial de um povo, e pode se apresentar a partir de uma consciência de unidade identitária ou como forma de alteridade, buscando demonstrar e marcar a diferença com relação a outras culturas. A síntese da cultura consiste na definição de fatores de integração nacional, baseados na língua, nos monumentos históricos, no folclore, nos modelos de virtudes nacionais, na paisagem típica, na série de heróis, no hino e na bandeira.[9]

Entre 1830 e 1880 houve, segundo o historiador Eric Hobsbawm, a construção de identidades nacionais por meio de uma série de mediações que permitiram a adoção de uma língua comum, uma história cujas raízes sejam as mais longínquas possíveis, um folclore, uma natureza particular, uma bandeira e outros símbolos oficiais ou populares. Os integrantes de cada comunidade são convidados a neles se reconhecer e a eles aderir.[10]

Quando não havia essa história comum, era preciso inventá-la. E, no caso brasileiro, Manuel José de Araújo Porto-Alegre teve consciência muito clara da necessidade de criar uma história, seja da música, seja das escolas de pintura no Brasil, seja de nossa galeria de personagens ilustres, como se verá adiante, no capítulo 3.

Um pouco na contramão desse discurso, o historiador e escritor francês Ernest Renan (1823-1892), numa conferência sobre o que constitui uma nação, proferida na Sorbonne em

---

9   O historiador José Murilo de Carvalho (1990) intuiu muito bem a necessidade que os autores da proclamação da República no Brasil, em 1889, sentiram de criar um imaginário e um panteão de heróis para contrapor à visão que o país assimilara sob a monarquia.

10 Foi nesse período que se formaram algumas das nações modernas, como a Grécia (libertada do domínio turco em 1832, após uma dominação de 380 anos) ou, anos antes, do Brasil e dos países sob dominação ibérica. Foi no final do período que nações com séculos de história, como Itália (1870) e Alemanha (1871), se constituíram como Estado.

1882, dizia que nem a raça ou a língua comum, nem a afinidade religiosa ou os interesses comuns, nem a geografia ou as afinidades militares são os elementos fundadores de uma nação. Uma nação é construída sobre uma alma ou princípio espiritual – uma história comum e um projeto de futuro compartilhado.

> Ter glórias comuns no passado e uma vontade comum no presente; haver realizado grandes coisas juntos e querer fazê-las ainda, essas são as condições essenciais para ser um povo. A existência de uma nação é um plebiscito de todos os dias, do mesmo modo que a existência de um indivíduo é uma perpétua afirmação de vida (Renan, 1990, p. 65).

Mas voltemos ao verão parisiense de 2014. Se no sábado houve a experiência do *Adeus à Linguagem*, de Godard, no domingo a epifania ocorreu com a exposição *Novas Histórias de Fantasmas (Nouvelles histoires de fantômes)*, programação do Palais de Tokyo em cartaz de 14 de fevereiro a 7 de setembro de 2014. Esta foi a última de uma série de montagens, com início cinco anos antes, a partir de um projeto concebido em parceria entre o filósofo e escritor Georges Didi-Huberman e o fotógrafo Arno Gisinger.

As exposições passaram por diversos espaços,[11] reinventando-se e recebendo novos títulos em cada ocasião. E em

---

11 Para citar alguns: em 2010 houve no Museo Nacional Centro de Arte Reina Sofia (Espanha) e no ZKM-Museum für Neue Kunst (Alemanha) a exposição com o título "Atlas, como levar o mundo nas costas". Depois a exposição se ampliou ao ser apresentada no Le Fresnoy/Studio National des Arts Contemporains, em Tourcoing (França). Em 2011, uma versão reduzida, "Atlas, Suite", um ensaio fotográfico, foi apresentada em 2013 no Museu de Arte do Rio (MAR), "uma montagem tão sensível quanto conceitual de imagens tomadas no contexto da exposição *Atlas* tal como foi mostrada em Hamburgo, em 2011", diz o site do museu carioca.

todos os lugares por onde passou ao longo daqueles cinco anos, houve o cuidado de recolocar o pensamento teórico embrionário que motivou esse projeto, o de Abraham Warburg (1866-1929).[12] Essa mostra no Palais de Tokyo ganhou o nome de *Novas Histórias de Fantasmas*, e é uma comovente instalação criada por Didi-Huberman e Gisinger tendo como ponto de partida a prancha 42 do *Atlas Mnemosyne*, de Abraham Warburg, constituída por aproximações simbólicas que Warburg dizia compor representações do *Pathos* da dor e da compaixão. Vemos imagens da história da arte que retratam lamentações fúnebres e religiosas, sepultamento, a descida de Cristo da cruz, o relevo em bronze com o milagre a perna de Santo Antônio, de Donatello, de 1446, entre outras da iconografia cristã [figura 3].

A performática exposição não é nem um show ou performance, nem certamente uma obra no sentido tradicional, mas uma exibição inovadora, multimídia, inusual, apresentando uma meditação única sobre como a fotografia e o cinema se debruçaram sobre obras-primas de artistas do passado que refletem quem somos.

O *Atlas Mnemosyne* (*Bilderatlas Mnemosyne*) foi um projeto que Warburg desenvolveu em sua biblioteca, em Hamburgo: um conjunto de 76 pranchas em que foi colocando em diálogo fotografias, reproduções de obras de arte e recortes

---

12 Abraham Moritz Warburg, ou Aby Warburg (1866-1929) foi um historiador de arte judeu-alemão, famoso pelos estudos sobre o ressurgimento do paganismo no Renascimento italiano. Ficou conhecido pela biblioteca referencial que leva seu nome, reunindo uma notável coleção sobre ciências humanas. Com a ascensão do nazismo, a biblioteca foi transferida para Londres em 1933, tornando-se a base para a constituição do Instituto Warburg. Seu projeto mais paradigmático foi o *Atlas Mnemosyne*.

de imagens, criando o que se convencionou chamar de "constelações" que associam, em tempos e lugares distintos da história da arte, as formas "sobreviventes" da cultura. Como, por exemplo, associação de imagens em que as vestes dos personagens são onduladas ou vaporosas. Atlas, como explica a pesquisadora Isis Gasparini (2014), faz referência tanto a um conjunto de mapas (como um atlas geográfico), quanto à figura mitológica condenada a carregar o mundo em suas costas.

De modo bastante amplo, esse projeto viajor convida a pensar a obra de arte após o advento da fotografia quando, conforme escreve Didi-Huberman em seu catálogo, ela se torna "inseparável de suas condições de reprodutibilidade". São montagens impactantes, porém complexas, sobretudo quando se quer acompanhar o percurso teórico que sua curadoria propõe.

Articulando o pensamento de Abraham Warburg com o de Walter Benjamin, Didi-Huberman opera aquilo que chamou de "conhecimento por imagens que é também, inevitavelmente, um conhecimento pela montagem das imagens". A instalação faz o visitante mergulhar na proposta: em mais de 1000 m², 23 vídeos – trechos de filmes e de documentários ligados à morte, tema da prancha 42 do *Atlas* – são projetadas do alto para o chão. Na parede, fotos sobre o mesmo tema. Entre as imagens cativantes e o fundo sonoro constituído de choros e das falas dos filmes projetados, a emoção toma conta do lugar. Esses trechos, editados sob orientação de Didi-Huberman, mostram imagens de diferentes épocas e linguagens, algumas já presentes na pesquisa de Warburg, outras mais recentes.

Aproximando o *Atlas* de Warburg das teorias de Benjamin, o projeto quer pensar o que é fazer uma exposição na *época de sua reprodutibilidade técnica*. Segundo Didi-Huberman, tal questão já está no cerne do que afirma ser a "modernidade do Atlas". Walter Benjamin sugere que a reprodutibilidade permitida pela fotografia dissolve a *aura* que tradicionalmente envolve as obras de arte: ao destituir a imagem de sua unicidade, o *valor de culto* dá então lugar a um *valor de exposição*. Didi-Huberman "redialetiza", isto é, dá novas tensões aos conceitos de Benjamin e pensa o modo como "o valor de exposição se tornou um valor de culto no sentido pleno: da cisão entre culto e exposição, passamos ao *culto da exposição*".

Junto a registros etnográficos e documentos da história da arte, Didi-Huberman acrescentou fragmentos de filmes de Sergei Eisenstein, Pier Paolo Pasolini, Jean-Luc Godard, Glauber Rocha, entre outros. São projetadas imagens de *Desastres da Guerra*, de Goya, trechos do filme *Ulysses*, de Theo Angelopoulos; *Cemitérios na Falésia*, de Jean Rouch; *O Encouraçado Potemkin*, de Eisenstein; *Cavalos de Fogo*, de Sergei Paradjanov; *O Evangelho segundo São Mateus*, de Pasolini; *Terra em Transe*, de Glauber Rocha; *Viver a Vida*, de Godard, além de trechos de filmes de Hans Farocki, Zhao Liang. Ficção, documentário, imagem primitiva e moderna, fotografia: dessa explosão formal se desenrola um ressurgimento entre as imagens em movimento.

Dispostas em diferentes escalas, as projeções transformam-se numa grande prancha que parece ter saído da Biblioteca de Warburg. Ele nos convida a percorrer o silêncio dos espaços entre os quadros que se formam no chão – esse aparente vazio denso de memórias que liga uma imagem à outra, um tempo ao outro.

Figura 3. A prancha 42 do *Atlas Mnemosyne*, de Aby Warburg.

As projeções são contornadas pelas fotografias de Arno Gisinger, distribuídas em toda a extensão das paredes do imenso espaço da sala. Trazem registros produzidos durante a montagem, exibição e desmontagem das exposições realizadas anteriormente em Hamburgo e em Madrid. O fotógrafo coloca em diálogo diferentes momentos do projeto. Gisinger responde ao convite de Didi-Huberman para pensar um modo como esse arquivo poderia constituir um "atlas do atlas". Com essa proposta, Didi-Huberman novamente se reporta aos conceitos de Benjamin: ao "adaptar essas *suítes* ou *constelações* a cada lugar de exposição, ele faz da reprodutibilidade técnica uma ferramenta de não repetição e até mesmo de singularidade", afirma Didi-Huberman (2014). A exposição se vale da reprodutibilidade para criar diálogos renovados entre as imagens e, ainda, entre as várias montagens do projeto.

O conjunto que forma a instalação no Palais de Tokyo [figura 4] parece materializar o empreendimento que Warburg não pôde concluir, seu desejo de publicar as pranchas fotográficas acompanhadas de seus comentários para que pudéssemos explorar o texto e a imagem indistintamente como forma de conhecimento sobre a cultura e a história.

Figura 4. A mostra *Novas Histórias de Fantasmas*, no Palais de Tokyo: comovente. Foto: Carlos Costa.

No texto dedicado à exposição de Paris, Didi-Huberman manifesta o desejo de que essa instalação não seja "vista como obra de arte, mas como um simples dispositivo indutor de questões" (Didi-Huberman, 2014), reforçando o sentido de um atlas que nos orienta pelo mundo.

O que fica dessa experiência não é tanto a leitura de cada imagem exibida, mas o exercício de um modo de se relacionar com a cultura e com a história que pode ser transposto para tantas outras imagens fora dessas exposições. Essa talvez seja uma das razões pela qual o *Atlas* se sobressai: demonstrando as possibilidades de conexões que podem ser estabelecidas entre as imagens, a exposição ainda continua a reverberar e torna-se um quebra-cabeça sempre incompleto que convida incessantemente a procurar os possíveis encaixes entre as peças que a compõem e que se redefinem a cada olhar.

Warburg repercutia o choque do que foi para ele a Primeira Guerra Mundial, aquele assustador banho de água fria no otimismo com que o século XIX se despedira. Ele criou de certa forma o Atlas do caos, uma iconografia sobre o desastre e a tragédia sem precedentes. As imagens reunidas por Didi-Huberman (estampas, bordados, tecidos bizantinos, imagens, clipes de filmes) são organizadas em uma cadeia chocante, de acordo com um princípio pedagógico de relações históricas, visuais e poéticas (sim, há um forte impacto poético nessas *Novas Histórias de Fantasmas*) em que todos podem se encontrar e identificar cultural, coletiva e emocionalmente.

É preciso, depois disso tudo, repetir ainda que o passado não é 1974?

2. Uma história
Araújo Porto-Alegre: a construção de uma biografia

Conhecido, e muitas vezes estigmatizado, pelas múltiplas atividades que desempenhou quase sempre simultaneamente ao longo de sua vida, Manuel José de Araújo nasceu a 29 de novembro de 1806 em Rio Pardo, na então Capitania de São Pedro, atual Estado do Rio Grande do Sul. O futuro escritor, poeta, dramaturgo, editor, político e jornalista, palestrante, pintor, desenhista, caricaturista, arquiteto, urbanista, crítico e historiador de arte, professor e diplomata foi batizado na matriz de Nossa Senhora do Rosário, da mesma vila, no dia dos Reis Magos do ano seguinte, 6 de janeiro de 1807.[1] Filho de Francisco José de Araújo, um negociante de fazendas (deve-se supor, de tecidos) e de trigo e de dona Francisca Antônia Viana, filha de outro negociante e estancieiro, Francisco Pereira Viana, com a idade de 5 anos Manuel José perdeu o pai. A mãe se casa em segundas núpcias com outro negociante, Antônio José

---

1 Somente em 1769 o povoado foi elevado à condição de freguesia de Nossa Senhora do Rosário. Em 1809, consolidada a conquista do que fora território da Coroa espanhola, o governo português promoveu a primeira divisão administrativa do Rio Grande do Sul, criando as quatro primeiras vilas: Rio Grande, Porto Alegre, Rio Pardo e Santo Antônio da Patrulha. Rio Pardo era a maior delas, com área de 156.803 km².

Teixeira de Macedo, que cuidou da educação do enteado, em conformidade com os costumes da época. Manuel José estudou os rudimentos com o mestre escola Ávila. Desnecessário dizer que era o melhor aluno da turma. Estando em curta passagem pelo Rio de Janeiro (acompanhando o padrasto?), aos 10 anos, teria estudado na escola do Mestre Varela, indo a seguir para os cuidados de Mestre Paraíso. Dois anos mais tarde, perde o padrasto e sai de Rio Pardo para a capital da capitania, a cidade de Porto Alegre, para continuar os estudos e tentar uma colocação para se manter. Conta-se que, já ao final dos cursos, fez "gazeta" ou cabulou aula pela primeira vez: queria acompanhar a pintura da iluminação que a Câmara da cidade mandara fazer em homenagem ao nascimento do príncipe da Beira:[2] por esse motivo foi pela primeira vez castigado por seu mestre (Paranhos Antunes, 1943: 14-15).

Como sabemos tantos detalhes a respeito da infância de Manuel José? Muito simples: o próprio autor escreveu em 1858, quando ainda não completara 52 de seus 73 anos, um opúsculo, *Apontamentos Biográficos*. Tinha ainda pela frente algo mais de duas décadas de trabalho (seu colossal poema épico *Colombo* ainda engatinhava nos 8 mil dos mais de 20 mil versos que compõem os 40 cantos e as 950 páginas dos dois volumes (428 o primeiro, 522 o segundo). No entanto, o artista já se preocupava, e muito, com o que diria dele a posteridade. Preferiu se antecipar, marcando o caminho que os biógrafos irão seguir.[3] Como lem-

---

2 Refere-se a D. Miguel de Bragança, segundo filho de D. Pedro I do Brasil com D. Maria Leopoldina de Áustria, nascido em 1820 no Rio de Janeiro. Morreu no mesmo ano, confirmando a mística da "Maldição dos Bragança", segundo a qual todos os primogênitos varões dessa dinastia morriam antes de assumir o trono. O que de fato aconteceu sempre.

3 João de Saldanha da Gama, que coordenou a publicação dos *Annaes da Bibliotheca Nacional* (1883-1884), impresso em 1885 no Rio de Janeiro

bra Rafael Cardoso, professor da PUC do Rio, "Faz-se necessário muito cuidado para não se cair nas armadilhas biográficas lançadas pelo próprio Porto-Alegre, que gastou boa parte de suas horas vagas (ainda por cima, as tinha!) a escrever e reescrever sua trajetória para a posteridade" (Rafael Cardoso, 2014, p. 181)

Já na infância demonstrava inclinação para o desenho. Quando o rapaz completou 16 anos, foi para Porto Alegre, estudar e trabalhar como assistente de um relojoeiro,[4] o francês Jean-Jacques Rousseau, que percebendo suas habilidades para o desenho, o incentivou a estudar com o desenhista francês François Thér, com quem se inicia nas artes plásticas, realizando trabalhos como desenhista e pintor. Esse artista francês, Thér, como o Rousseau homônimo do grande suíço do *Contrato Social*, eram alguns dos inúmeros franceses que se exilaram por estas bandas durante a temporada conservadora por que passou a França após o período napoleônico. Tanto que, na narrativa de Porto-Alegre, foram as conversas com o relojoeiro que mais "lhe avivou o espírito com a narração que fazia das maravilhas de Paris e da Espanha, onde tinha servido e trabalhado no tempo de Napoleão" (Porto-Alegre, 2014, p. 341). Também executa trabalhos com os cenógrafos Manuel José Gentil e João de Deus. É por essa época que nosso personagem muda seu nome pela primeira vez, atendendo a uma onda nativista que tomou

---

na Gráfica de Leuzinger & Filhos, esclarece, na página 892, que "à benevolência do Sr. João Maximiniano Mafra, discípulo predileto e amigo íntimo do Barão de Santo Ângelo, devemos a fineza de ter consultado uma cópia da autobiografia de seu ilustre mestre, da qual é na máxima parte extraído quase textualmente este esboço biográfico".

4 Ao contrário do comentário infeliz de Herman Lima, Manuel José não trabalhou com o relojoeiro por vocação, mas como um modo de custear sua estadia na capital gaúcha.

conta do país nos anos seguintes à Independência. Passa a se chamar Manuel de Araújo Pitangueira.[5] Em seu período como estudante e aprendiz na capital gaúcha, frequentou ainda as aulas de latim com o cônego Tomé Luís de Souza, e de filosofia e de geografia com o frei João de Santa Bárbara. Estudou matemática e álgebra com o coronel João Batista Alves da Silva Porto, e francês com M. Gondret. Foi ainda nesse período, por volta dos 18 anos, em 1824, que voltou a mudar novamente seu nome, agora acrescentando ao Manuel José de Araújo a designação de Porto-Alegre, segundo De Paranhos Antunes (1943).

Intuitivo, pelo que conta ele em seus apontamentos biográficos (em que sempre se refere a si mesmo em terceira pessoa), aprendeu os rudimentos da perspectiva pela análise das linhas que via em algumas reproduções.

> De repente, começa a notar que certas linhas iam todas convergir a um ponto; põe em cima da estampa duas réguas, examina todas as linhas do pavimento e cimalhas,[6] e tão contente se achou com aquela descoberta que desmaiou de prazer! Não dormiu à espera do dia, e logo que este veio, foi ao teatro fazer aplicação de sua descoberta, pelo que foi cumprimentado por todos os seus amigos artistas, todos discípulos da natureza (Porto-Alegre, 2014, p. 342).

A partir daí começa a receber pedidos para ajudar na confecção de pinturas decorativas para residências da aristocracia

---

5   Ver a nota 1 (página 20) sobre essa febre nacionalista de trocar nomes de origem portuguesa por patronímicos de sabor local.
6   Cimalha: saliência ou arremate na parte mais alta da parede, onde assentam os beirais do telhado.

local (na biografia ele cita os trabalhos realizados na casa de João Luís Teixeira como ajudante do pintor e decorador José de Simeão; e na residência de Joãozinho da Olaria, sob a direção de um de seus professores, o pintor João de Deus). Foi na casa desse abastado oleiro que Manuel José viu e se encantou com uma reprodução litográfica do quadro *Desembarque da Arquiduquesa Leopoldina*, trabalho do artista francês Jean-Baptiste Debret (1768-1848). Embevecido com o que vira, toma a decisão de ir para o Rio de Janeiro, estudar com este mestre que se exilara em nosso país com a chamada Missão Francesa trazida por Dom João VI.[7] Por ainda ser menor de idade, a mãe não permitiu então a partida do filho para a Corte. Nem o rapaz estava preparado, "porque não tinha ânimo de deixar sua mãe sozinha, nem esta podia ouvir falar em tal coisa" (Porto-Alegre, 2014, p. 342).

Uma malandragem cometida em inícios de 1826 pareceu complicar ainda mais os projetos do esforçado artista em ir para a Corte. Com um grupo de amigos, desenhou a lista das raparigas mais feias da capital gaúcha, incluindo entre elas a filha mais velha do capitão-mor João Tomaz Coelho. Em represália, o militar convocou o jovem para o recrutamento, enviando-o para servir

---

[7] Em seu livro *O Sol no Brasil*, a pesquisadora Lilia Schwarcz coloca por terra a ideia da criação histórica de uma missão francesa contratada por D. João VI. Na realidade, um grupo de artistas franceses, "ou um punhado de insatisfeitos políticos", como escreve Alberto da Costa e Silva na orelha do citado livro, se reúne meio por acaso no Rio de Janeiro, tentando fazer a América e fugindo de um complicado momento da história da França, em que a velha guarda voltou a dar as cartas (com o reinado de Carlos X). Quando este rei foi obrigado a renunciar, sendo substituído em 1830 por Luís Filipe, mudou a situação para os artistas bonapartistas exilados no Rio de Janeiro. Com exceção do arquiteto Auguste-Henri-Victor Grandjean de Montigny, que faleceu no Rio em 1850, quase todos voltaram para a França, como Jean-Baptiste Debret, que partiu em 25 de julho de 1831, levando a tiracolo seu discípulo preferido, Manuel José.

no destacamento dos Dragões do Rio Pardo.[8] Quando tudo parecia encaminhar sua carreira para as artes militares, ao se formar cadete, encontrou-se com o Visconde de Castro,[9] que o levou ao presidente da capitania, Salvador José Maciel, fazendo com que este procedesse a sua baixa da carreira militar.

Mas em finais deste ano de 1826, aos poucos dias de completar 20 anos, convence a família e viaja para o Rio de Janeiro a bordo da sumaca[10] *Europa*, levando algumas economias dos trabalhos realizados e cartas de recomendação que, ele mesmo afirma, de quase nada serviram, além de uma hospedagem temporária em casa do senador Antonio Vieira de Soledade.[11]

Chega ao Rio de Janeiro no dia 14 de janeiro de 1827 e é admitido na primeira turma da Academia de Belas Artes, estudando com Grandjean de Montigny e Debret, com quem logo trava amizade e de quem passa a ser protegido. O professor teria escrito tempos depois sobre o dedicado aluno:

> Araújo Porto-Alegre, dotado das mais felizes qualidades, venceu todas as dificuldades do desenho durante três anos de estudos em minha classe. [...] O mais notável na seção de pintura é que, dos alunos, é Araújo Porto-Alegre

---

8   Fortaleza estratégica que viu nascer em seus arredores a vila de Rio Pardo, nunca foi vencida nos ataques promovidos pelos castelhanos que tentavam recuperar as terras que originalmente pertenciam à Coroa Espanhola. O Forte de Rio Pardo recebeu a denominação de "Tranqueira Invicta", por nunca ter sido derrotado, afirma o portal do município de Rio Pardo na internet.

9   João de Castro do Canto e Melo era irmão de Domitila de Castro, a marquesa de Santos, amante do imperador.

10 Barco pequeno, de dois mastros, muito usada durante o período colonial, na América do Sul.

11 Morava no Rio de Janeiro como deputado e depois senador do Império (de 1826 a 1836), representando a Capitania de São Pedro, de que foi presidente por alguns meses em 1829.

quem apresenta obra original e própria, servindo os seus trabalhos de modelo aos colegas. Isto é quase consagração do jovem pintor. De fato, só mesmo os mestres, os que adquiriram a perfeição na arte, pleno domínio do pincel, podem fornecer obras dignas de serem copiadas e estudadas por outros. Manuel de Araújo Porto-Alegre deixa, portanto, de copiar para criar. Em vez de decalque, da ampliação ou da simples cópia, ele já reproduz o modelo vivo, concebe figuras, retrata grupos, fixa a natureza (Antunes, 1943, p. 31-41).

Na Academia de Belas Artes, Araújo Porto-Alegre, mesmo sendo um dos alunos mais novos, foi dos mais ativos. Conta-se que, aborrecido por não poder trabalhar na escola fora do horário regular de aulas para treinar e aperfeiçoar sua técnica, teria solicitado ao imperador que interferisse em seu favor. Pedro I teria atendido o pedido, ordenando à direção da Academia que permitisse a entrada dos alunos fora dos horários estabelecidos (Lima, 1963, vol. 2, p. 717-723). Porto-Alegre foi estimulado a organizar mostras de arte, nelas expondo como pintor e arquiteto. Ele participou das duas primeiras exposições de trabalhos da Academia Imperial de Belas Artes (1829 e 1830), promovidas por Debret.

Com a ideia de futuramente viajar e conhecer a Europa, conseguiu se inscrever também em alguns cursos da Escola Militar, além de assistir às aulas de anatomia do curso médico ministradas pelo Dr. Cláudio Luís da Costa, participando de dissecações no hospital da Santa Casa, além de seguir algumas aulas de Filosofia. Esses cursos eram um modo de se aproximar de alguns círculos de poder e de conviver com notáveis como o conceituado livreiro e jornalista Evaristo de Veiga, que de algum modo foi um de seus patrocinadores, além de Lino Coutinho e de José Bonifácio.

Enquanto estuda, começa a aceitar encomendas. Uma delas foram os painéis solicitados pelo bispo do Rio de Janeiro, o português José Caetano,[12] para o Palácio Episcopal da Conceição (hoje essa antiga residência abriga o Museu Cartográfico do Exército). A obra encomendada lhe rendeu frutos. Quando o senador Soledade voltou ao Rio Grande do Sul, Araújo Porto-Alegre se tornou hóspede do bispo. Nesse novo endereço, aumentou muito sua rede de relacionamentos. É ele mesmo quem conta:

> No Palácio da Conceição teve a fortuna de ter por companheiros e amigos muitos jovens talentosos, entre os quais se notavam os muito respeitáveis e ilustrados bispos do Maranhão e de Diamantina.[13] O jovem artista teve sempre inclinação à sociedade dos homens velhos e talentosos porque com ela sempre lucrava. Entre as pessoas que o admitiam à sua companhia e privação contam-se Evaristo da Veiga, Lino Coutinho, o grande orador Sampaio e seu colega Monte Alverne,[14] o senador Paula Souza, o barão de Inho-

12 João Caetano da Silva Coutinho (1768-1833) nasceu em Caldas da Rainha, em Portugal. Nomeado bispo do Rio de Janeiro em 1806, foi consagrado em 15 de março de 1807, em Lisboa. Acabou tomando posse da Diocese de São Sebastião do Rio de Janeiro apenas em 15 de abril do ano seguinte, após a chegada da Corte. Celebrou o casamento de Pedro I, presidiu a cerimônia de sua coroação como imperador, batizou os príncipes. Presidiu a primeira Assembleia Nacional Constituinte, após a Independência, em maio de 1823.
13 João de Saldanha da Gama, no já citado *Annaes da Bibliotheca Nacional*, esclarece que Manuel Joaquim da Silveira é o bispo do Maranhão, depois promovido a arcebispo da Bahia. João Antonio dos Santos é o bispo de Diamantina.
14 É bem do estilo de Porto-Alegre supor que seus contemporâneos (e futuros leitores) saberiam quem era o orador carioca Frei Francisco de Santa Teresa de Jesus Sampaio (1778-1830) ou seu confrade Francisco do Monte Alverne (1784-1858). Ambos franciscanos e professores, Francisco Sampaio se destacou nas discussões da Independência, sendo um

mirim, Antônio Carlos, Martim Francisco e o imortal José Bonifácio, por quem ele tinha uma espécie de adoração, e outras mais notabilidades (Porto-Alegre, 2014, p. 343).

Dessas conversas nos salões em que o jovem aluno era admitido, surgiu uma nova encomenda, sugerida pelo professor de anatomia, Claudio Luís da Costa, para que Porto-Alegre executasse o painel representando a entrega pelo imperador ao corpo acadêmico da instituição do decreto da reforma da Academia de Medicina [figura 1].

Figura 1. Dom Pedro I entrega ao Dr. Vicente Navarro de Andrade (Barão de Inhomirim), diretor da Faculdade de Medicina, o Decreto-Lei autorizando a escola a formar cirurgiões e médicos, e conferir diploma.

Durante a confecção da obra, o jovem imperador fez uma visita-surpresa à Academia Imperial de Belas Artes e, vendo o

---

dos articuladores do Fico. Monte Alverne foi uma figura importante na formação de Manuel José de Araújo, e mais adiante serão comentadas as cartas trocadas entre o aluno e o mestre.

trabalho ainda em andamento, admirou-se com a perfeição das feições dos professores presentes na representação, menos a de si próprio e a dos ministros retratados, Domingos Peixoto e o visconde de São Leopoldo. Manuel José não estava na sala, mas o professor Grandjean de Montigny, presente no momento da visita do rei, explicou que o pintor ainda não tivera a oportunidade de ser recebido pelo imperador para copiar-lhe os traços. Essa sessão de desenho ao vivo com Pedro I é marcada e rende outros trabalhos para o jovem pintor. Que recebe da Imperatriz Leopoldina novas encomendas: o retrato do imperador e de seus filhos. Manuel de Araújo escreve em sua precoce autobiografia:

> No dia 12 de outubro foi ele e teve a audiência. No momento em que concluía o seu trabalho [de copiar o rosto de Pedro I para o painel], em presença da família imperial, chegou-se a imperatriz ao ouvido do imperador, e este lhe respondeu: "Não tem dúvida, há de ser servida, minha senhora". E voltando-se para o artista: "A imperatriz quer este retrato, porque o acha o mais perfeito de todos, e logo que o acabares, lhe virás entregá-los; depois me hás de fazer outro, e o dela e de meus filhos, os quais irás tu mesmo levar à minha sogra em Munique, e de lá partirás para a Itália ou onde melhor te convier estudar, e pelo tempo que quiseres, contanto que lá não fiques" (Porto-Alegre, 2014, p. 343).

Como o ditado diz que o papel aceita qualquer coisa, acreditar nessa versão do pintor, escrita quase trinta anos depois dos acontecimentos, é questão de fé. Teria o imperador recebido o aluno no dia de seu próprio aniversário, 12 de outubro? Mas o fato é que os planos da viagem à Europa deram para trás. Como se sabe, no dia 7 de abril de 1831 Pedro I renuncia ao trono. As promessas feitas ao jovem pintor viraram palavras ao vento.

Manuel de Araújo irá recontar diversas vezes esse infortúnio de sua vida. Páginas adiante, nos seus apontamentos biográficos, quando está novamente reclamando da sorte, nos tempos das vacas magras em Paris, o artista conta o episódio de um encontro com Pedro I. Durante uma de suas caminhadas pelo bulevar des Capucines, observando estampas, sentiu uma forte pancada no ombro. Olhou e ficou atônito vendo d. Pedro a rir-se para ele.

– Que faz aqui, sr. Araújo, pois também emigrou?

– Não, senhor, lhe respondeu o artista: vim estudar minha arte, e vim com M. Debret.

– E como está o Debret? Debret é um homem virtuoso. Moro na rua da Pepinière, n° 27, e comigo lá está o seu amigo, o capitão Bastos.

O artista foi no dia seguinte visitar o sr. D. Pedro I, que o recebeu alegremente e o apresentou à senhora dona Amélia, rainha de Portugal [...]. O ex-imperador lhe disse o seguinte: "Parto, e a Europa saberá do meu destino. Se for feliz, e se você quiser ir procurar-me, vá; porque encontrará um amigo. [...] E as lágrimas lhe vieram aos olhos.

– "Diga ao Rocha[15] que ele é um perfeito cavalheiro". E o artista também chorou. [...] Quis beijar-lhe a mão, mas d. Pedro não consentiu (Porto-Alegre, 2014, p. 345).

---

15 Conselheiro José Joaquim da Rocha (1777-1868), mineiro de Mariana, engenheiro militar, participou com José Bonifácio, José Clemente Pereira e Luís Coutinho, entre outros, do movimento pela Independência. Quando Bonifácio foi para o exílio em Paris, após o fechamento da Constituinte de 1823, Rocha o acompanhou. Manuel Araújo levará consigo, quando vai para a França, uma carta de recomendação para o Conselheiro (como se verá na próxima página).

O fato é que o sonho de viajar para Munique para entregar o quadro para a sogra do imperador se desfez com a abdicação em 1831. Como acrescenta o autor nas notas biográficas, "uma desgraça nunca vem sozinha". Tendo recebido uma herança de 5 mil ducados, providencial para as despesas da viagem para a França, um primo ("a quem ele amava sobre todos os homens, porque sempre o considerou um irmão, desde a mais tenra infância") lhe pede emprestado por uns dias a quantia, para saldar um compromisso. Logo que recebesse a ordem de pagamento que esperava do Sul, devolveria o numerário. O que nunca aconteceu. O artista soube da partida abrupta do parente lendo as páginas do *Jornal do Commercio*. O primo partiu "sem lhe haver dado a menor satisfação, sem lhe haver deixado um vintém!" (Porto-Alegre, 2014, p. 343).

O gaúcho tenta todas as saídas, pois Debret tem pressa em retornar à França. Até o senador Soledade contribui com uma pequena pensão de 20$000, a ser entregue todos os meses em Paris. Mas foi graças a uma subscrição promovida por Evaristo da Veiga e a José Bonifácio que ele embarca com o mestre Debret para a França. O Andrada conseguiu o bilhete grátis para a viagem no navio *Durance*. A subscrição de Evaristo arrecadou algo como 400$000. Levava ainda na mala uma carta de recomendação para o conselheiro José Joaquim da Rocha, ministro plenipotenciário do Brasil na França. Manuel José era finalmente um bolsista da "pátria educadora".

Num arranjo tipo familiar, em Paris residiu por cortesia na casa de François Debret,[16] irmão mais novo do pintor, onde

---

16 François Debret (1777-1850) era um prestigiado arquiteto e grão-mestre da maçonaria francesa. Trabalhou na restauração de diversos teatros e nas fundações da nova Escola de Belas Artes de Paris. Projetou o Teatro

conheceu muitos intelectuais da época, sendo admitido nas aulas do Barão de Gros. Novamente se via ele em meio de um círculo de celebridades:

> A casa de François Debret era um ponto de reunião de grandes notabilidades; e como este arquiteto era o primeiro mestre na arte de construir teatros, ali se juntavam também os memógrafos mais célebres e os músicos maiores, como Rossini, Auber, Boieldieu, Cherubini e Paer,[17] não falando nas plêiades de pintores, escultores e ouros homens de primeira plana (Porto-Alegre, 2014, p. 345).

Há momentos felizes no relato de Porto-Alegre. O convívio com artistas, "enciclopédias vivas", em que "o jovem artista colheu ideias gerais de muitas coisas e sobretudo o gosto pelo estudo". Em 1833, "teve a suma felicidade de conhecer o imortal Garrett,[18] que quase todos os dias o vinha visitar e

---

de Ópera Peletier, que serviu de teatro de ópera durante o longo período em que a Opera Garnier esteve em construção.

17 Vamos à lição de casa. Manuel de Araújo cita apenas compositores, dois deles italianos que fizeram carreira na França, como Gioachino Antonio Rossini (1792-1868), de grande popularidade, autor de 39 óperas, a mais famosa delas *O Barbeiro de Sevilha*, além de música sacra. Luigi Maria Cherubini (1760-1842) é outro italiano que fez carreira como compositor e diretor de orquestra. Famoso por sua ópera *Medeia*, suas composições sacras foram elogiadas por Haydn e Beethoven. O francês Daniel Auber (1782-1871) escreveu sete óperas, mais 31 óperas cômicas e 3 dramas líricos. François-Adrien Boieldieu (1775-1834), francês, escreveu quarenta óperas, uma delas em parceria com Cherubini, outra com Auber. Ferdinando Paer (ou Pär ou Päer), italiano filho de pais austríacos, compôs 55 óperas e muitos oratórios. Todos eram membros da loja maçônica *Les Arts et l'Amitié*, dirigida por François Debret.

18 João Baptista da Silva Leitão de Almeida Garrett (Porto 1799-Lisboa 1854), considerado um dos maiores escritores do romantismo português, foi dramaturgo, político revolucionário, ministro e secretário de Estado.

a quem ele apresentou aos maiores artistas de Paris" (Porto-Alegre, 2014, p. 345).

Mas a situação financeira do artista era periclitante. Aos poucos se revela um traço forte na escrita de Porto-Alegre: o de se queixar. Conta que as cartas que enviou ao bispo do Rio de Janeiro foram retidas nos meandros da diplomacia; por não poder arcar com as mensalidades e as despesas de modelo vivo e com a lenha (para a calefação do ambiente), abandonou as aulas do barão Gros, seguindo apenas no curso de arquitetura de François Debret, que era gratuito.

> Em Paris sofreu Porto-Alegre toda a sorte de privações. Tendo quebrado no Rio seu correspondente, não só perdeu uns 600$000 que sua mãe lhe mandara, como não recebeu a pequena pensão que lhe ordenara o senador Soledade. Entregue a seus recursos, depois de perigosa enfermidade, viu-se na obrigação de vender os livros por metade, seu relógio e alfinete de peito e até a melhor roupa, porque não tinha o que comer (Porto-Alegre, 2014, p. 344).

Em 1834, Martim Francisco[19] propôs na Assembleia uma pensão para o jovem artista, moção apoiada por Evaristo da Veiga, mas a pensão não foi aprovada. Mas por esse tempo chega a Paris Antônio Carlos e Luiz de Menezes.[20] Sabendo da penúria do artista, este lhe oferece uma ajuda de 20 mil francos para acabar os estudos e viajar para a Itália, "o ideal da felicidade do artista".

---

19 Martim Francisco Ribeiro de Andrada é o mais novo dos três Andradas (José Bonifácio e Antônio Carlos), todos nascidos em Santos, SP. Presidiu a Câmara dos Deputados e foi ministro da Fazenda do Império do Brasil.

20 Antonio Carlos é o segundo dos Andradas; Luiz de Menezes Vasconcelos Drummond, de uma das famílias mais influentes do Reinado, era aliado ao grupo dos Andradas e foi um dos criadores do jornal *O Tamoyo* (que circulou entre agosto e novembro de 1823).

Depois de grande insistência, Manuel José aceitou receber apenas 4 mil francos, pois poderia se hospedar na casa do conselheiro Rocha, que havia sido promovido à representação de Roma. Assim, no dia 4 de setembro partia ele para a Itália, levando a tiracolo o amigo Domingos José Gonçalves de Magalhães. "Foi talvez a esta viagem que o Brasil deve o possuir os *Suspiros Poéticos*, várias tragédias, *A Confederação dos Tamoios* e outras obras", escreve Araújo em sua autobiografia. Passou por Genebra, esteve em Milão, Bolonha, Placência, Parma, Florença, Pisa, Siena, Perugia, e demorou-se em Roma, onde foi recebido pelo conselheiro Rocha com a maior cordialidade. Em Roma estudou. Faz ainda uma viagem a Nápoles e arredores, que será narrada na revista *Nitheroy* (Gonçalves de Magalhães voltara a Paris, nomeado adido na Embaixada). Volta a Paris em novembro de 1835.

Ao retornar à França, Manuel José teve a surpresa de saber que sua pensão tinha sido finalmente aprovada,[21] aproveitou para comprar livros e visitar escolas da Bélgica e Holanda, além de conhecer Londres. Conta, em seus apontamentos, as muitas amizades que granjeou nesses lugares por onde passou. No convívio com Gonçalves de Magalhães e Torres Homem concebe a publicação da *Nitheroy*, de que saíram dois números (a revista será analisada no capítulo 3). Mas ao saber do estouro da revolta Farroupilha, pensou na mãe e abandonou o projeto de visitar Grécia e Egito.

De regresso ao Rio de Janeiro em 14 de maio de 1837, toma ciência de que alguns de seus patrocinadores já haviam

---

21 O artista omite o valor da pensão, mas João de Saldanha da Gama, o redator dos *Annaes da Bibliotheca Nacional*, nos informa: era um montante de 600$000 anuais, com duração de três anos.

morrido, como Evaristo da Veiga, falecido dois dias antes.[22] Em seu estilo esparramado, escreve Porto-Alegre: "O solo de sua pátria foi banhado com suas lágrimas, e a terra de suas esperanças lhe pareceu um deserto, pois havia perdido os seus maiores amigos: o precitado Evaristo, o senador Soledade e o bispo do Rio de Janeiro" (Porto-Alegre, 2014, p. 346).

O mesmo ano de 1837 marca o surgimento da caricatura no Brasil: Porto-Alegre publicou as primeiras imagens desse gênero no país, "A Campainha e o Cujo" e "A Rocha Tarpeia", crítica corrosiva contra o jornalista Justiniano José da Rocha, carioca que acabara de chegar de São Paulo, onde se formara em Direito, para dirigir o *Correio Oficial* com um salário de 3.600$000 (Costa, 2012, p. 178). As lâminas, avulsas, eram produzidas na oficina de Pierre Victor Larée.[23] Nesse mesmo ano, é encenada sua primeira peça teatral, o *Prólogo Dramático*, na comemoração do aniversário de Pedro II, em 2 de dezembro. Como se verá no capítulo 6, ao contrário da lenda, as caricaturas não foram uma "denúncia", mas vingança contra a crítica publicada por J.J. da Rocha contra a peça do gaúcho.

Mesmo sem recursos, além de seu trabalho manual, e sem amigos, Manuel Araújo se lamenta, como de costume, mas traz do Rio Grande do Sul a mãe para viver com ele na Corte. Logo é nomeado em 3 de julho professor da Academia de Belas Artes e, três anos depois, pintor Imperial da Câmara (1840), sendo o res-

---

22 Em seus apontamentos biográficos, Manuel de Araújo escreve que Evaristo da Veiga havia falecido três dias antes de sua chegada, o que é incorreto, pois o jornalista morreu no dia 12 de maio de 1837, com apenas 37 anos.

23 No livro *A Revista no Brasil do Século XIX*, dedico uma das partes do capítulo 3 às publicações de Araújo Porto-Alegre: "O fascínio da imagem: A Lanterna Mágica", páginas 176 a 187).

ponsável pelos trabalhos de decoração para a coroação de Pedro
II como imperador (1841) e, depois, da celebração de seu casamento com Tereza Cristina de Bourbon e Duas Sicílias (1843).
Em 1838, passa a lecionar também no Colégio Pedro II.
Tinha 32 anos quando se casa, em 1838, com Ana Paulina
Delamare (1819-1891), tendo como padrinhos os amigos dos
tempos de Paris, Gonçalves Magalhães e Sales Torres Homem.
Recebe então de uma comissão da Sociedade Teatral a encomenda para reformar o teatro e incentivar a arte dramática.
Em seu tom nada humilde, nosso personagem registra em seus
apontamentos autobiográficos:

> Antes disto, ele e seu amigo Magalhães haviam já feito bastante para o teatro, escrevendo peças e dirigindo as boas disposições do ator João Caetano dos Santos. A Porto-Alegre se devem todas as inovações que hoje se conhecem no cenário, e o uso de se vestirem a caráter as peças de teatro, porque antes dele nada havia. Dele recebeu o sobredito ator, lições de mímica e declamação, as quais lhe ministrava com muita arte, à maneira de conversa, para não picar a extraordinária vaidade de João Caetano […] João Caetano não lhe foi grato, nem ao dr. Magalhães (Porto-Alegre, 2014, p. 347).

Os desacertos com a Sociedade Teatral, que não lhe pagou
os honorários, colocaram o artista novamente em situação de
inadimplência. Conseguiu se recompor com a encomenda que
lhe fez José Clemente[24] de um painel representando a *Última*

---

24 José Clemente Pereira, conhecido como José Pequeno, nasceu em Portugal em 1787, vindo para o Brasil após se formar em Direito em Coimbra. Foi um dos líderes da Independência do Brasil, com protagonismo do episódio do Dia do Fico. Após dois anos de exílio, retornou e foi sucessivamente deputado, ministro dos Estrangeiros, da Justiça, da

Ceia [figura 2] para o refeitório da Santa Casa da Misericórdia ("trabalho que veio do céu", escreve Manuel de Araújo). Com o pagamento por este trabalho pôde fazer face às suas despesas. É nessa fase (a década de 1840) que organiza as festas para a coroação de Pedro II: projeta a Varanda da Coroação, que consumiu sete meses de trabalho. Desenha, também para a solenidade, os figurinos das vestes imperiais. Devido aos trabalhos prestados durante as comemorações, recebeu os títulos de pintor da Imperial Câmara, cavaleiro da Ordem de Cristo e cavaleiro da Rosa. Acaba tornando-se assim um personagem ativo da vida cotidiana do Império. Após os festejos imperiais, começou a esboçar o estudo para a *Coroação de Pedro II* [figura 3] – mas a obra definitiva, um painel com as grandes dimensões de 40 m², ficará inacabada (no capítulo 6 esse trabalho será abordado com profundidade). Lê, numa das sessões do IHGB (Instituto Histórico e Geográfico Brasileiro), o discurso "Memória sobre a escola antiga de pintura fluminense" – que será analisado no próximo capítulo. Esse trabalho é publicado em 1841, na Revista do IHGB. Segundo a historiadora Letícia Squeff, "trata-se do primeiro ensaio sobre a história das belas artes brasileiras".

Outra encomenda desse período foi a decoração interna do Palácio Imperial de Petrópolis, que consumiu dois anos (1842-1844). Nesse ínterim, o artista participa da fundação da revista *Minerva Brasiliense* (lançada em novembro de 1843, circulou até 15 de junho de 1845, somando 32 edições). A seguir, em 1844, lança A *Lanterna Mágica, Periódico Plástico e Filosófico*, contendo caricaturas de Rafael Mendes Carvalho e desenhos de Lopes Cabral. Circulou de janeiro de 1844 a março de 1845, to-

---

Guerra, da Fazenda e senador de 1842 a 1854. Era então provedor da Santa Casa de Misericórdia. Faleceu em 1854.

talizando 23 exemplares. É considerada a revista que introduziu a caricatura original na imprensa brasileira. Terceira das revistas criadas nesse período, *Guanabara, Revista Mensal Artística, Científica e Literária*, foi resultado da parceria com Antonio Gonçalves Dias e Joaquim Manoel de Macedo: saíram publicadas cinco edições, entre fevereiro de 1850 e marco de 1855.

Figura 2. A *Última Ceia* (1840). Acervo da Santa Casa de Misericórdia, Rio de Janeiro.

Devido a desentendimentos com o diretor da Academia Imperial de Belas Artes, Felix-Emílio Taunay, Araújo pediu e conseguiu transferência em 1848 para a Escola Militar, onde surgira vaga para a disciplina de desenho. O motivo do pedido de afastamento da Academia de Belas-Artes? "O ciúme que tinham dele", escreve Porto-Alegre, sempre se referindo a si mesmo na terceira pessoa, "todos os outros professores, estrangeiros todos, quando o viam constantemente procurado pelas primeiras pessoas do país."

Como arquiteto, executou diversos projetos no Rio de Janeiro, dos quais destacam-se o plano arquitetônico da antiga sede do Banco do Brasil, em 1849 (obra concluída em 1854), a reforma do Palácio de São Cristóvão, com os trabalhos de decoração interna e redesenho da fachada e uma nova escadaria de mármore, além da Capela Imperial.

Se em 1845 havia publicado a peça *Angélica e Firmino*, segue em 1851 com *A Estátua Amazônica* e em 1852 com *A Restauração de Pernambuco*. Neste ano assume o cargo de vereador na Câmara Municipal do Rio de Janeiro. Já o ano de 1854 marca sua volta à Academia Imperial de Belas Artes, agora como diretor, ocupando o cargo até 1857. Inicia uma reforma pedagógica, buscando conciliar o ensino técnico predominante até então com uma orientação mais artística, a fim de propagar o gosto pelas artes e de incentivar o surgimento de uma iconografia oficial que, ao definir marcos históricos e heróis nacionais, contribuísse para dar uma identidade à nação (Vainfas, 2002, p. 351).

Em seus escritos e desenhos defende a aproximação do artista com a natureza. Realiza um trabalho de reorganização pedagógica, implementando nova matriz curricular. Criou conteúdos inovadores para as disciplinas e trouxe para a instituição o Conservatório do Música (14 de março de 1855). Reformou a biblioteca e construiu a Pinacoteca, contribuindo para o aumento dos vencimentos dos professores. Conseguiu prolongar de três para seis anos o tempo da bolsa para os alunos pensionistas do Estado em suas viagens prêmio para a Europa. Paralelamente às atividades da AIBA, realizou em 1854 o projeto do Cassino Fluminense, posterior sede do Automóvel Clube do Brasil, inaugurado em 1860. O gaúcho é considerado o real autor do projeto vencedor do concurso para a estátua equestre de d. Pedro I, apresentado por seu aluno João Maximiniano Mafra. A peça foi fundida na França por Louis Rochet em 1856, e a inauguração aconteceu em 1862. Até hoje o monumento pode ser admirado na Praça Tiradentes, no Rio de Janeiro.

Mas o stress causado pela oposição do corpo docente da Academia e a publicação do anônimo Álbum de Pinta-Monos (atribuído ao ex-aluno e colaborador da *Lanterna Mágica*, Joaquim Lopes de Barros Cabral Teive) levaram-no a pedir exoneração do cargo, que lhe foi concedida em 14 de outubro de 1857. Manuel de Araújo prova do mesmo veneno que ele inoculara na figura pública do jornalista conservador Justiniano José da Rocha, quando vinte anos antes publicara as caricaturas avulsas contra aquele personagem, que ainda hoje é tido como "pena de aluguel" por historiadores acríticos como Nelson Werneck Sodré (o autor do clássico *História da Imprensa no Brasil*). Pouco depois, Araújo Porto-Alegre deixa também seu cargo na Escola Militar, onde já era professor catedrático. O artista tinha então 51 anos.

Figura 3. *Coroação de Pedro II*, aos 15 anos de idade, em 18 de julho de 1841. Estudo para a tela de Manuel de Araújo Porto-Alegre. Museu Histórico Nacional.

Parecia encerrar a carreira. Realiza o projeto do Prédio da Alfândega do Rio de Janeiro, publica a peça *Os Judas* (1858) e elabora um projeto para o prédio da Faculdade de Medicina (que não chega a ser executado), dedica-se à escrita. Se em 1856 havia publicado o ensaio *Iconografia Brasileira*, perfilando o músico José Maurício Nunes Garcia, o mestre Valentim e o pintor Francisco Pedro do Amaral, agora (1859) se dedica à criação dos catálogos das obras de Marcos Portugal e de José Maurício, à composição da peça *O Prestígio da Lei*, além de textos para teatro e ópera, sem contar o ambicioso projeto do poema épico *Colombo*, que seguirá escrevendo nos anos seguintes, quando se reinventa como diplomata: é nomeado cônsul do Brasil em Berlim. Dois anos depois é transferido para Dresden, onde publica *As Brasilianas*, coleção de poemas, e as peças *Os Lavernos*, *Os Lobisomens* e a *Escrava*.

Em 1866 publica, em dois volumes, o poema épico *Colombo*, sua mais ambiciosa empreitada no campo das letras, e escreve a peça *O Rei dos Mendigos*. Coordenou a participação brasileira nas Exposições Universais de Paris e de Viena em 1867 e 1873, respectivamente. Em 1867 se transfere para o consulado do Brasil em Lisboa. Em 1874 recebe o título de barão de Santo Ângelo. Mesmo apresentando saúde frágil, conseguiu publicar em 1877 a peça *Os Voluntários da Pátria*, dedicada a José Maria da Silva Paranhos, visconde do Rio Branco. Morre em Portugal em 1879.

3. Preconceito visual
Escritor mais do que pintor: "Vale o escrito"

Em 1869, a guerra do Paraguai, praticamente vencida pela Tríplice Aliança, entrava em seu quinto e penúltimo ano de uma desgastante e infrutífera caça ao dirigente do país vizinho (espécie de sanha de nosso imperador, segundo o historiador José Murilo de Carvalho).[1] Em Portugal, distante dos desgastes da monarquia de que sempre foi um renhido defensor, o gaúcho Manuel José de Araújo Porto-Alegre completava dois anos como cônsul do Brasil em Lisboa. Tinha 63 anos e comemorava o casamento da filha Carlota com seu discípulo Pedro Américo de Figueiredo e Melo. Nesse momento familiar, o aluno se oferece para retratar o mestre.

O resultado do trabalho, parte do acervo do Museu Dom João VI, da Escola de Belas Artes da Universidade Federal do Rio de Janeiro na Ilha do Fundão, mostra o pintor como um literato.

---

1 Após conversar com um tenente paraguaio feito prisioneiro, em São Gabriel, no Rio Grande do Sul, durante a visita ao cenário da guerra, o imperador ficou "horrorizado com o receio do prisioneiro de ser morto ao regressar a seu país. A imagem de barbárie ligada ao regime paraguaio, deve ter se consolidado na cabeça do monarca" (Carvalho, 2007, p. 112). A caça a Solano López prorrogou a guerra por mais de um ano, até março de 1870, conta o historiador José Murilo de Carvalho em seu *D. Pedro II*.

Considerado o mais bem resolvido retrato do artista, Manuel José é mostrado tendo ao fundo um tinteiro e uma pena [figura 1]. O sogro havia manifestado ao genro o desejo de ser representando como escritor. E não como pintor, caricaturista ou paisagista – como se verá adiante, atividades em que mais bem desenvolveu seus múltiplos talentos. Nesse desejo há uma das muitas contradições do artista. Mesmo se queixando constantemente da pouca valorização que o brasileiro de seu tempo dava às artes visuais, num preconceito atávico contra as "manualidades", Araújo Porto-Alegre demonstra que ele mesmo padecia de tal preconceito.

Em seu ensaio "Artistas, intermediários e público", capítulo do livro *Culturas Híbridas*, o antropólogo argentino-mexicano Néstor García Canclini desenvolve a interessante consideração sobre o predomínio e a valorização da cultura escrita sobre a cultura visual em países como o nosso, com uma baixa taxa de alfabetização, e onde a formação da modernidade esteve na mão de elites que superestimaram a escrita. O "chique" e o "bem-aceito" sempre foi saber ler.

Entre nós, culto era o doutor que estudara em Coimbra e sabia fazer versos – ou, depois, o bacharel formado no Largo de São Francisco ou em Recife. O relato oral e a força da representação visual não somam pontos nesse contexto beletrista. Nem são vistos como um valor em si. Tanto, comenta Canclini, que temos na América Latina mais histórias da literatura do que das artes visuais ou musicais. "Em vários países latino-americanos, ser culto foi entendido pelas elites liberais governantes como uma tarefa individual" (Canclini, 1988, p. 142). Nessas culturas onde o visual é algo de segunda classe, vale o escrito – como diz o jogo do bicho.[2]

---

2 Em conversa mantida em outubro de 2015 com a ministra das Comunicações da Bolívia, a comunicadora e advogada Marianela Paco Du-

Figura 1. Retrato de Manuel de Araújo, por Pedro Américo. 1869. Museu D. João VI, UFRJ, Rio de Janeiro.

rán, durante o lançamento do Fórum por um Jornalismo Responsável (CUPRE) 2015, essa ex-locutora, ativa em programas radiofônicos, comentou que transmitia notícias nos idiomas quéchua e em castelhano. Defensora da cultura oral, ela se posiciona contra a imposição da alfabetização e da escrita, por não estar no cerne da tradição dos povos indígenas bolivianos (por extensão, americanos). Militante como educadora da população quéchua, foi eleita deputada pelo Departamento de Chuquisaca, desenvolvendo amplo trabalho defesa dos Direitos Humanos, os direitos da mulher, sendo uma das redatoras do Novo Código das Famílias e do Processo Familiar. Marianela comentou a dificuldade que tem para escrever, ao contrário da fluência oral (de que participa também o presidente da Bolívia, Evo Morales). Ler um discurso, para ela, não tem sentido: é favorável à emoção da fala. Uma de suas proezas, conta, foi transmitir um jogo de futebol em quéchua: um imenso desafio, pois a linguagem indígena é repleta de descrições poéticas, quase incompatíveis com a velocidade da narrativa de um jogo de futebol.

O próprio Manuel de Araújo, em seu ensaio *Memória Sobre a Antiga Escola de Pintura Fluminense*, antecipou esse comentário de García Canclini. Porto-Alegre comenta no citado artigo o trabalho formador do pintor Manuel Dias de Oliveira, primeiro professor público de desenho e fundador da Aula Régia de Desenho e Figura, em 1800. Nascido em 1764 em Cachoeiras de Macacu, no atual Estado do Rio de Janeiro, e falecido em 1837 em Campos dos Goytacazes, Manuel Dias, conhecido como "o romano" por haver estudado com Pompeo Batoni na Academia de San Lucca, em Roma, não teve muito sucesso na formação de artistas na capital do Brasil colônia. O estudante daquela época identificava as artes plásticas como tarefa de escravo, como deveriam ser todas as manualidades. Escreve Porto-Alegre:

> Tudo o que se pode fazer por uma constância lenta para propagar o gosto das artes na mocidade ele o fez, mas nada obteve. A mocidade tinha nascido no meio da atmosfera traficante: ela tinha herdado os prejuízos de seus pais: como os romanos, na sua decadência, olhava para o exercício das belas-artes como uma profissão digna de escravos: um mesquinho ordenado de uma repartição pública era a seus olhos uma apoteose de nobreza; o armarinho ou o tabuleiro do mascate tinham mais atrativos para a sua crença que a palheta e o escopro,[3] a lira ou o compasso (Porto-Alegre, 2014, p. 266).

Mas contrariando o que escrevera, Manuel José se queria literato. Em seus *Apontamentos Biográficos*,[4] redigidos quando

---

3 Instrumento cortante de ferro ou aço, com ou sem cano, que serve para lavrar pedra, madeira, metal etc.; cinzel.
4 *Apontamentos Biográficos: Revista da Academia Brasileira de Letras*, volume XXXVII, n° 120, de dezembro de 1931, p. 416-443.

contava apenas 52 anos (1858) mas já se preocupava com o que diria dele a posteridade, registrou: "Até 1858, tem Porto-Alegre representado sempre um papel importante no mundo artístico, e aparecido com uma dualidade por figurar no número dos literatos do país" (Porto-Alegre, 2014, p. 350). Na continuação desses "apontamentos", ele alinhava sua produção textual.

O seu primeiro ensaio poético é aquele que se acha nos *Suspiros Poéticos* com o título "Tívoli."[5] O segundo é um poemeto intitulado "Voz da natureza sobre as ruínas de Cumas", na revista *Nitheroy*. Escreveu várias "Brasilianas" na *Minerva Brasiliense* e no *Guanabara*, e três poemetos intitulados "A destruição das florestas", "O Corcovado", e o "Canto Genetlíaco" ao nascimento do príncipe d. Afonso. Está a concluir um poema sobre a descoberta da América, intitulado "Colombo", o qual já tem mais de 8 mil versos (Porto-Alegre, 2014, p. 350).

Na sequência dessa prematura "Plataforma Lattes", Manuel José registra seu trabalho como orador do Instituto:[6] "fez muitas biografias, memórias históricas e elogios dos sócios

---

5 Trata-se do poema XXXI ("A meu amigo D. J. G. de Magalhães") do livro *Suspiros Poéticos*, de Domingos José Gonçalves de Magalhães. Sem introdução ou assinatura, a chave da autoria de Porto-Alegre vem no poema seguinte, o XXXII: "Em resposta a meu amigo M. de Araújo Porto-Alegre"). O poema é datado em Tívoli, 1835. Manuel José estava então com 29 anos.

6 Manuel de Araújo ingressou no IHGB em 1º de dezembro de 1838, ano de sua criação, como sócio honorário, e nele exerceu as funções de segundo vice-presidente, primeiro-secretário (20 de dezembro de 1856 a 3 de junho de 1859) e de orador. Nessas duas décadas foi uma espécie do que hoje se chama de comunicador institucional, escrevendo os discursos e os elogios fúnebres de sócios e personagens que iam compondo o panteão nacional. Como fonte histórica, seus trabalhos biográficos devem ser lidos com certa reserva, dado o caráter laudatório e hagiográfico de quase todos os seus discursos.

mortos durante 14 anos de reeleições" (Porto-Alegre, 2014, p. 350). Cita, na continuação 12 peças teatrais, e 8 trabalhos arquitetônicos – entre eles a varanda da sagração *[de Pedro II como imperador]*; "muitos arcos de triunfo em festas"; além dos projetos do prédio do Banco do Brasil, de um mercado para Niterói, a capela de Belém. A lista se completa com os títulos recebidos, algumas funções exercidas. Muita água ainda passaria pelo moinho depois de escrito esse resumo biográfico. Porto-Alegre, como se sabe, viveria ainda mais 21 anos, militando na carreira diplomática que o levou para Berlim (1857-1860), Dresden (1860-1866) e Lisboa (1866-1879), onde faleceu. Foi, como tantos outros escritores brasileiros, nas horas de ócio da diplomacia que completou muito de seus trabalhos, sobretudo o poema épico *Colombo*, publicado em 1866, no final de sua estância em Dresden.

Produção jornalística e ensaística: a missão de construir uma identidade nacional

A independência do Brasil não foi, como ensinam os livros escolares, resultado do "grito do Ipiranga", mas de um processo que se iniciou na chuvosa madrugada de 29 de novembro de 1807, quando as tropas napoleônicas chegavam quase às portas de Lisboa.[7] Como se sabe, o príncipe D. João, regente de Portugal, tentara cozinhar em fogo brando a imposição do bloqueio continental determinado por Napoleão contra a Grã-Bretanha, tradicional aliado lusitano.

---

7   A fixação de 7 de setembro e da cidade de São Paulo (riacho do Ipiranga) como o marco da Independência foi posterior aos acontecimentos. Nos primeiros anos da história pátria, a celebração ocorria no dia 12 de outubro, aniversário de Pedro I e data da sua aclamação como imperador no Campo de Santana, no centro do Rio de Janeiro.

A transferência de quase toda a corte portuguesa para o Brasil – a lenda diz que teriam sido 15 mil pessoas, número contestado desde sempre –, inicia a caminhada que levará ao 7 de setembro de 1822, passando pela elevação do Brasil a Reino Unido com Portugal e Algarves, por decreto do príncipe regente, em 16 de dezembro de 1815.[8] Criado o novo país, que história teríamos para contar? Se agora já não éramos portugueses, que raios seríamos nós? A partir da Proclamação de Independência, mas sobretudo no período das regências (1831-1840), quando a expulsão do imperador nascido em Portugal, Pedro I, reforçou ainda mais o rompimento dos laços, o país entra em um compasso de espera. Discute seu futuro, tenta se inventar. Esse movimento se intensifica ao longo do Segundo Império (1840-1889).

Começa a ganhar corpo nos grupos intelectuais ligados ao poder a necessidade de se construir um passado para o Brasil, que de alguma maneira desvinculasse sua história e seu imaginário, daqueles de Portugal. Um exemplo significativo: criado em 1838, o Instituto Histórico e Geográfico Brasileiro teria como uma de suas funções construir uma história do Brasil, uma memória nacional que devia valorizar os aspectos autóctones do país, em detrimento da herança lusitana (Chiarelli, 1995, p. 15).

---

8 Alguns contrapontos: por uma questão de pompa, o nome adotado para o Reino Unido incluiu Algarves, que havia sido tomado dos mouros três séculos antes. Comumente se atrela a elevação do Brasil a Reino Unido por ocasião da coroação do novo rei. De fato, João Maria de Bragança foi coroado em 6 de fevereiro de 1818, dois anos após a morte de Maria I. Também, ao contrário da representação no imaginário nacional, João Maria foi muito mais esperto do que a imagem de indolente que dele se criou: muito antes da psicologia, ele usou a arma da resiliência para vencer Napoleão, destino que não teve seu cunhado espanhol, Fernando VII, destronado pelas tropas francesas.

Essa busca permeou o campo cultural e artístico da Corte. Além da construção de uma história que buscasse desvincular nosso futuro da história de Portugal, buscou-se também uma narrativa da trajetória literária local, "procurando nela os elementos de uma ambiência brasileira", como escreve Tadeu Chiarelli – além das artes visuais. Manuel Araújo foi um pioneiro, produzindo farto material, não apenas com seus discursos fúnebres, mas com os ensaios em que buscava criar elos entre os pintores ou os músicos do passado, mesmo que esses vínculos muitas vezes não tivessem de fato existido.

O catálogo da já mencionada exposição "Araújo Porto-Alegre: Singular&Plural" trouxe em sua parte final, como anexo, diversos desses trabalhos, reunidos no capítulo "Transcrições de textos de Manuel de Araújo Porto-Alegre". Estão reproduzidos ali, com grafia atualizada, escritos como *As Artes* (1834); *Memória Sobre a Antiga Escola de Pintura Fluminense* (1841); *Exposição Pública* (1843); *Manoel Dias, o Romano* (1848); *Algumas Ideias Sobre as Belas Artes e a Indústria no Império do Brasil* (série de três artigos publicados ao longo do ano de 1851 na revista *Guanabara*, outra das criações de Araújo Porto-Alegre); *Iconografia Brasileira* (1856); e o já citado *Apontamentos Biográficos* (1858), entre muitos outros. Nos deteremos a seguir na análise de alguns desses textos.

O primeiro deles é o ensaio *As Artes*, por "três brasileiros membros do Institut Historique de France". Esses três brasileiros são os jovens estudantes Domingos Gonçalves de Magalhães, Manuel de Araújo Porto-Alegre e Francisco Sales Homem, recebidos como membros do recém-criado Instituto Histórico de Paris.[9]

---

9 Como explicar a presença desses três estudantes brasileiros num círculo como o do Institut Historique de France, criado pouco antes, em de-

"Permiti", disse o senhor Araújo, membro da 5ª classe,[10] "que deite um olhar para o Brasil; deixai-me mergulhar no passado e contemplar de relance a marcha das artes em minha pátria." Assim começa Porto-Alegre seu texto.

Antes do descobrimento, afirma Manuel José, aos índios, "para a satisfação de suas necessidades primordiais, bastam-lhes um arco, flechas, uma cabana e um pote de barro". Com os colonos portugueses chegaram as artes e a literatura, mais tarde os jesuítas e a construção das igrejas: "Vi os restos das Missões do Paraguai; admirei seus colossos de ouro e prata, seus quadros esparsos, seus baixos-relevos, seus zimbórios e suas naves solitárias".

Conta que as artes ficaram circunscritas às igrejas e conventos, mas "certos senhores mandaram seus negros estudar na Itália. Um desses pretos, Sebastião, decorou a igreja de São Francisco no Rio de Janeiro."[11] O trabalho artístico não era va-

---

zembro de 1833? Eles foram entronizados por influência de Eugène Garay de Monglave (1796-1873), secretário da instituição, de que se falará no próximo capítulo. Nascido em Bayonne, no país basco francês, Monglave formou-se em Direito e logo veio ao Brasil a soldo do exército de D. Pedro I. Falava português e traduziu algumas obras brasileiras para o francês. Sua ligação com nosso país ajuda a entender a generosidade com os três estudantes que viviam em Paris.

10 Quinta classe nesse caso não se refere a uma categoria classificatória, mas ao grupo de estudos temáticos a que cada membro do Instituto Histórico de Paris estava inscrito. Divididos em seis "classes" ou seções, os membros do Instituto eram distribuídos conforme a ordem de interesses: História Geral, História das Ciências Sociais e Políticas, História das Línguas e das Literaturas, História das Físicas e Matemáticas, História das Belas-Artes e História da França.

11 É recorrente esse desleixo do jovem Manuel de Araújo com a qualidade das informações que divulga. O negro Sebastião não tem sobrenome nem local de nascimento. E a igreja a que ele se refere, entre as muitas dedicadas a São Francisco no Rio de Janeiro, seria a de São Francisco de Paula, que fica no Largo de São Francisco? Construída pela ordem terceira com essa denominação entre 1759 e 1801, era considerada uma das principais do Rio durante todo o século XIX. Ou seria a de São Francisco da Penitência, no morro de Santo Antonio (Largo da Carioca), pé-

lorizado: alguns trabalhos de monta foram "encomendados pelos monges a gênios que colocavam no nível do animal".

Exagera ao dizer que, então, os "brasileiros vieram a Lisboa organizar o melhor dicionário da língua portuguesa *[sem citar o nome de seus autores]*; os melhores professores de Coimbra eram brasileiros;[12] e à margem do Tejo as joias de ferro que o mulato Manuel João[13] fabricava nos confins da província de Minas Gerais, eram disputadas" (Porto-Alegre, 2014, p. 259).

Manuel de Araújo descreve o trabalho da construção do Passeio Público do Rio de Janeiro "lá pelo ano de 1772", pelo vice-rei Vasconcelos,[14] como um momento de florescimento da arte brasileira. "Admira-se nesse passeio um grupo de dois crocodilos entrelaçados *[se refere à escultura ao pé do chafariz]*, engenhosos na sua forma colossal, com um tanque de granito recebendo a água que jorra de suas bocas." Araújo é detalhista na descrição mas esquece de mencionar que o projeto do passeio (incluindo a escultura dos jacarés), que ainda existe no centro

---

rola do barroco construída em cedro dourado entre 1657 e 1733? Uma pesquisa alentada sobre as duas igrejas não apontou nenhum Sebastião: praticamente todos os artistas que nelas trabalharam eram portugueses.

12 Diferentemente da informalidade de Manuel de Araújo é o que se constata na apresentação de Francisco de Sales Torres Homem, outro dos "três brasileiros". Em sua exposição sobre o estado a ciência e da literatura, cita nomes como o do poeta Bento Teixeira, autor da *Prosopopeia*, ou de Bernardo Vieira ou Manuel Botelho "que publicou a *Música do Parnaso*", ou o *Caramuru* de Santa Rita Durão. Manuel Araújo não menciona entre os brasileiros que brilharam em Coimbra o "patriarca" José Bonifácio, citado por Torres Homem como "filólogo e mineralogista, que escreveu curiosas monografias".

13 Não foi encontrada nenhuma informação sobre esse escultor ou fundidor.

14 Luís de Vasconcelos e Sousa foi vice-rei entre 1779 e 1783, logo o passeio foi construído depois da data citada.

do Rio, foi uma das grandes criações do Mestre Valentim[15] [figura 2]. Esse descuido é um dado que revela um tom de improviso do jovem historiador (é bom lembrar que Manuel José tinha 28 anos quando leu seu texto para a elite intelectual francesa do Instituto Histórico de Paris).

Figura 2. *Os crocodilos do Mestre Valentim* (1783), ainda existentes no Passeio Público do Rio de Janeiro. Foto Anna Carol, 2004. A obra está em estado lastimável, com a cauda dos animais deteriorada.

O importante, nesse relato inaugural de Manuel de Araújo Porto-Alegre, parte da apresentação que os três brasilei-

---

15 Valentim da Fonseca e Silva, o mulato "Mestre Valentim", mineiro do Serro (1745-1813), era filho de um fidalgo português com uma escrava. O pai o teria levado a Portugal, onde fez seu aprendizado (algo historicamente não comprovado). O fato é que Valentim foi um dos principais artistas do Brasil colonial. Sobre ele Manuel de Araújo escreverá, 22 anos depois, o segundo perfil de seu ensaio *Iconografia Brasileira* (1856), que será analisado a seguir.

ros fizeram na sessão solene do Instituto Histórico da França, é que se dava o primeiro passo na criação de uma história das artes nacionais.[16] Os três foram ainda responsáveis pela primeira revista que teria esboçado a proposta do romantismo entre nós: *Nitheroy, Revista Brasiliense*. A análise descritiva e crítica dessa publicação será o tema do próximo capítulo.

Memória sobre a Antiga Pintura Fluminense (1841)

Num dos encontros solenes ao longo do terceiro ano de existência do Instituto Histórico e Geográfico Brasileiro (1841), Manuel de Araújo leu para os seus pares um alentado trabalho a que deu o nome de *Memória Sobre a Antiga Escola de Pintura Fluminense*. Palestra publicada nas páginas finais da revista do instituto daquele ano [figuras 3 e 4]. Há um progresso, nesta abordagem e na qualidade do texto, quando comparadas à fala de sete anos antes, no Instituto Histórico da França. A historiadora Letícia Squeff comenta que o mestre Jean-Baptiste Debret fizera a sugestão ao discípulo Manuel José de Araújo: ser o historiador do país que engatinhava. "A participação no IHGB daria oportunidade ao artista de não apenas acatar a sugestão do mestre, como de ampliá-la de modo bastante ambicioso" (Squeff, 2004, p. 141).

---

16 Ao contrário da contribuição de Araújo e de Torres Homem, a apresentação de Domingos Gonçalves de Magalhães foi comparativamente mais fraca, tendo em conta o extrato publicado por Debret em seu livro *Viagem Pitoresca*.

Manuel de Araújo Porto-Alegre: um artista fora do foco   91

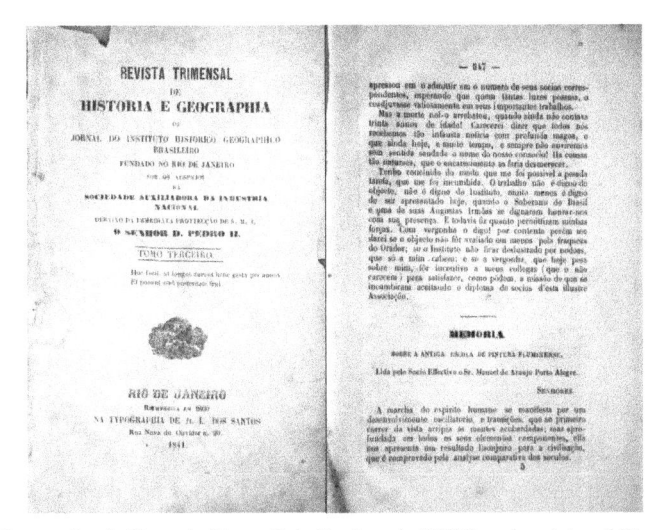

Figuras 3 e 4. Capa do Tomo 3 da *Revista do IHGB*, e da página 547, em que inicia o ensaio "Memória Sobre a Antiga Escola de Pintura Fluminense". Reprodução da cópia digitalizada da revista. Site do IHGB.

De volta do período de aperfeiçoamento na Europa, Araújo Porto-Alegre começou a investigar o passado artístico brasileiro de modo mais sistemático, certamente por ter percebido a diferença marcante entre os trabalhos publicados na revista *Nitheroy* com os assinados por Torres Homem (traço que será enfatizado na análise do próximo capítulo). Escreve Squeff:

> Nesse texto, atuaria como um historiador preocupado com a exatidão e o rigor de suas afirmações. A Memória sobre a antiga escola fluminense foi o primeiro artigo sistemático do autor sobre a história das artes na Colônia. Destaca-se dos demais textos escritos por Porto-Alegre, além disso, por ser uma notável síntese das ideias e temas que iriam caracterizar seus artigos posteriores (Squeff, 2004, p. 141-142).

Após uma abertura retórica um tanto longa, o autor cria uma divisão em três fases da história das artes em nosso país: a

Colônia, o Reino Unido e o Império. E delimita seu trabalho neste ensaio à primeira fase: "É do seio da primeira, senhores, que venho arrancar do esquecimento alguns nomes ilustres nas artes [...] que fundaram a primitiva escola fluminense" (Porto-Alegre, 2014, p. 263). Discorre, a seguir, sobre o "pintor histórico mais antigo que conhecemos até hoje, Fr. Ricardo do Pilar", monge beneditino que viveu no convento de São Bento, no Rio de Janeiro, por mais de três décadas, vindo a falecer em fevereiro de 1700.[17]

O ensaísta menciona alguns painéis "que se acham espalhados por alguns templos desta cidade", além de quadros de teto e das paredes laterais do mosteiro beneditino. "Mas aquele que funda sua glória é o painel que representa a imagem do Salvador, colocado no altar da bela sacristia do convento" [figura 5].

José de Oliveira é o segundo artista relacionado por Manuel de Araújo: "Natural desta cidade e o chefe da escola fluminense: não sabemos por ora o dia de seu nascimento e a época da sua morte."[18] Pouco restou de sua obra, explica o ensaísta. "Há imensos contemporâneos que ainda se recordam de suas belezas [...] O teto da Capela Imperial representando a Virgem do Monte Castelo está todo estragado" (Porto-Alegre, 2014, p. 264).

O terceiro pintor é João Francisco Muzzi, discípulo de José de Oliveira. Tendo-se dedicado mais à cenografia e a traba-

---

17 Frei Ricardo do Pilar nasceu em Colônia, na Alemanha, por volta de 1635. Veio ao Brasil entre os anos de 1660 e 1663, após viver um período em Portugal, atendendo a provável convite do abade Manuel do Rosário, do Mosteiro de São Bento do Rio de Janeiro. Foi ali que entrou para a ordem, segundo Porto-Alegre, em 1695.
18 Teria vivido entre 1690 e 1770. Sua vida, no entanto, é quase desconhecida. Foi o primeiro pintor fluminense que se distinguiu por seus trabalhos. Sabe-se, também, que teve dois alunos de algum relevo: João Francisco Muzzi e João de Sousa. Alguns autores afirmam que foi aprendiz de Frei Ricardo do Pilar.

lhos em teatro, não há quase nenhum registro de seu trabalho, pois "a gravura, a imprensa das belas artes, é a única que transmite à posteridade. Sem ela, a cenografia é para o futuro o que o talento de cantar é para a música: o tempo e a morte os fazem desaparecer", escreve Porto-Alegre (2014, p. 265). Uma das poucas obras que testemunham seu trabalho é, curiosamente, uma imagem "jornalística" ou civil, não religiosa. Retrata um incêndio que destruiu um hospital, em 1790 [figura 6].

O quarto mestre destacado na *Memória...* é João de Sousa, "Autor de grande número de quadros, e de quase todos os que ornam o claustro dos Carmelitas. Pertence à classe dos coloristas" e teve vários discípulos, entre os quais se distinguiu Manuel da Cunha.

Figura 5. Detalhe do *Senhor os Martírios* (1690), de Frei Ricardo do Pilar. Mosteiro de São Bento, Rio de Janeiro.

Manuel da Cunha é o quinto artista dessa relação: filho de escravos do Cônego Januário da Cunha Barbosa (1780-1846), secretário perpétuo do IHGB, Manuel da Cunha teve o patrocínio para estudar em Portugal. Entre suas obras de destaque estão uma *Descida da Cruz*, que embelezava a capela do Senhor dos Passos, na Igreja do Carmo, conhecida como Capela Imperial,[19] explica Porto-Alegre. O Museu Nacional de Belas Artes tem em seu acervo uma tela de sua autoria, *Nossa Senhora da Conceição*, executada por volta de 1790 [figura 7].

Figura 6. *Fatal e rápido incêndio que reduziu a cinzas o antigo Recolhimento de N.S. do Parto* (1789), de Francisco Muzzi. Museu do Açude, Rio de Janeiro.

---

19 A sempre citada Capela Real era na realidade uma das capelas da Igreja de Nossa Senhora do Carmo, que foi catedral do Rio de Janeiro até 1976, quando se inaugurou a atual catedral de São Sebastião. Por isso, a igreja do Carmo é apelidada de Antiga Sé. Construída entre 1761 e 1770, com a chegada da família real portuguesa e de sua corte em 1808, o príncipe Dom João a transformou em nova Capela Real. Foi ali que o Regente foi coroado rei, em 1818. A igreja era uma espécie de conservatório real, com apresentações de orquestras regendo músicas do Padre Maurício Nunes Garcia.

Figura 7. *Nossa Senhora da Conceição*, de Manuel Cunha (±1785). Museu Nacional de Belas Artes, Rio de Janeiro.

Dono de um "pincel suave", na descrição do ensaísta, Leandro Joaquim trabalhou com Manuel da Cunha e com o Mestre Valentim, e com eles pintou alguns murais e telas religiosas. Pouco se sabe sobre ele,[20] e Araújo de Porto-Alegre passa em seguida para o sétimo perfilado: o "afamado" Raymundo.[21]

---

20 Poucos detalhes são conhecidos da vida do mulato Leandro Joaquim. Aparentemente nasceu no Rio de Janeiro e ali viveu toda a sua vida (supostamente entre 1738 e 1798). Gonzaga-Duque o apresenta como pintor e cenógrafo e refere que é considerado um dos principais representantes da pintura fluminense (Gonzaga-Duque, 1995, p. 81).

21 Raimundo da Costa e Silva (datas desconhecidas) é citado por Gonzaga-Duque como restaurador de uma tela de José de Oliveira representando a Virgem de Monte Carmelo, na Capela Imperial, após ter sido caiada por um vândalo (Gonzaga-Duque, 1995, p. 78). Manuel de

"O seu primeiro ensaio na pintura foi uma cabeça de São João Batista, que ainda existia há pouco no Livramento." José Leandro, natural de Magé, fecha o ciclo[22] planejado por Manuel de Araújo Porto-Alegre. José Leandro teria chegado ao mais elevado grau, sendo ao mesmo tempo o melhor pintor histórico e o mais fiel retratista do reinado, com o dom da memória visual: "bastava ver o indivíduo uma só vez para conservar suas feições e pintá-lo ao vivo" (Porto-Alegre, 2014, p. 265). Porto-Alegre termina seu ensaio com uma referência ao pintor Manuel Dias, prometendo uma continuação, abordando os pintores do período do Reinado. Tarefa que nunca chegou a entregar.

Em uma de suas intervenções nas reuniões do IHGB, sete anos depois, Manuel de Araújo volta a mencionar o pintor. Esse ensaio, *Manuel Dias, o Romano*[23] foi publicado em 1848 na

---

Araújo Porto-Alegre, nesse trecho do ensaio, cai no mesmo desleixo e imprecisão de seu trabalho anteriormente comentado.

22 Segundo a Enciclopédia Virtual Itaú, José Leandro de Carvalho (São João de Itaboraí, RJ, ± 1770-Campos dos Goytacazes RJ 1834) foi pintor e desenhista. No Rio, estudou com Leandro Joaquim e Raimundo da Costa. Com a chegada da corte ao Brasil, em 1808, torna-se o retratista da moda, representando diversas vezes dom João VI.

23 Manuel Dias de Oliveira (1763-1837) nasceu em Santana do Macacu, atual Cachoeiras de Macacu, no Estado do Rio. Pintor, gravador, escultor, professor, ourives. Conhecido também como "Romano" ou "Brasiliense", ainda jovem muda-se para o Rio e inicia sua formação trabalhando como ourives. Viaja para Portugal e passa a residir na cidade do Porto, onde estuda pintura. Depois vai para Lisboa e se aperfeiçoa na Real Casa Pia e na Academia do Castelo, e conhece o artista português Domingos Antônio de Sequeira (1768-1837). Destacado nos estudos, é enviado para a Accademia de San Lucca, em Roma, e frequenta as aulas de Pompeo Batoni (1708-1787). Em 1798, retorna a Portugal, tornando-se professor da aula régia de desenho e figura em 1800. Volta para o Rio de Janeiro, dando aulas de modelo vivo em seu ateliê. Cria boa parte das decorações para a cerimônia de recepção da corte portuguesa, em 1808. Em 1822, o imperador Dom Pedro I o destitui do cargo de regente da aula régia, para atender interesses dos professores franceses. Em 1831,

Revista do Instituto (Tomo XI, de 1848, páginas 496-499). É um artigo curto, sem o fôlego da *Memória*, apresentando o pintor – o apodo se deve ao fato de ter estudado em Roma. Na apresentação, Araújo cita algumas de suas obras, como a *Alegoria a Nossa Senhora da Conceição*, no acervo da Academia de Belas Artes, mas repete: quase todo o seu trabalho foi desfigurado por retoques, reclamação frequente em seus textos:

> A cal cobriu as pinturas da sala de armas da Conceição, feitas pelo mestre Rosa,[24] o tempo destruiu as que ele fez no palácio do conde de Bobadela; e a mania dos retoques, feitos por homens inábeis, estragou as pinturas do teto da capela-mor de S. Bento, feitas por fr. Ricardo do Pilar, do qual felizmente ainda existe o Cristo na sacristia (Porto-Alegre, 2014, p. 284).

A intervenção de Manuel de Araújo termina, após essa citação, com a lembrança de que na "Secretaria do Império havia uns frescos pintados por J.B. Debret, e esses foram cobertos por papeis pintados e os outros caiados. Que exemplo para futuros escritores!!!"

Iconografia Brasileira (1848)

O ensaísta faz sua apresentação, novamente tendo como plateia os membros do Instituto Histórico e Geográfico do Rio de Janeiro, em sessão realizada no ano de 1848. Seu texto foi publicado no número 23 da *Revista do IHGB*, tomo XIX, do mesmo ano [figura 8]. Discorre sobre os apontamentos que

---

muda-se para Campos dos Goytacazes e abre um colégio para meninos. Morre ali em 1837.
24 O mestre Rosa não havia sido apresentado nesse texto. Mais um lapso do autor.

recolhera para uma encomenda da instituição e da ideia de "bosquejar uma obrinha com este título para servir de complemento ao Plutarco Brasileiro.²⁵ O título de meu opúsculo indicava uma coleção de imagens, às quais juntaria algumas notícias biográficas".

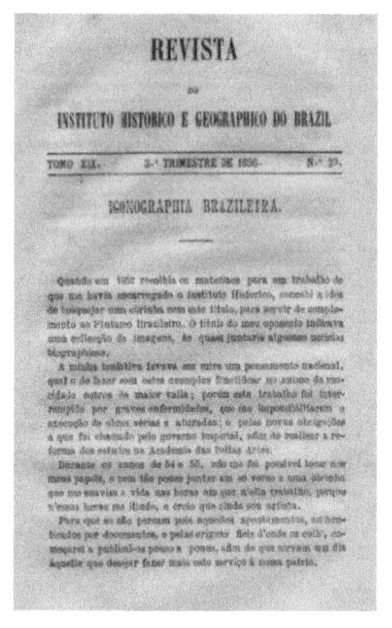

Figura 8. Capa do número 23 da *Revista do Instituto Histórico e Geográfico do Brasil*, 1856.

A intenção desse opúsculo *[Iconografia Brasileira]*, esclarece, é fazer com que o exemplo dos personagens ilustres frutifique

---

25 Este nome é o título do livro de João Manuel Pereira da Silva (um dos redatores da revista *Nitheroy*), lançado em 1847. Apropriando-se do título, a pesquisadora francesa Armelle Enders produziu em 1999 um *paper* ("O Plutarco Brasileiro. A Produção dos Vultos Nacionais no Segundo Reinado"), publicado na revista *Estudos Históricos* da FGV (n° 25, de 2000). Armelle Enders é autora do livro *Os Vultos da Nação: a Fábrica de Heróis e a Formação do Brasileiro*, publicado no Brasil em 2014.

no ânimo da mocidade. "Mas esse trabalho foi interrompido por problemas de saúde além do chamado do governo imperial para a reforma dos estudos da Academia de Belas Artes." Por esse motivo, o projeto ficou à espera e, agora, Manuel de Araújo promete ir publicando aos poucos suas anotações.

O texto continua por longas páginas de considerações piedosas: o filho que não derrama uma lágrima, ou não lança uma flor sobre a sepultura de seu pai, ensina a seus próprios filhos a ingratidão; assim como a geração que não comemora os serviços de seus antepassados prepara-se para receber o mesmo esquecimento que a deslustra. Pede a construção de um panteão "não digo um edifício suntuoso, mas um lugar sagrado e decente [...] Por que nessa república da morte encontraria a mocidade incentivos e esperança para todas as vocações" (Porto-Alegre, 2014, p. 329-330).

Após a longa abertura, ocupando seis páginas da revista, o gaúcho entra nos "Apontamentos" sobre a vida e as obras do Padre José Maurício Nunes Garcia, o primeiro dos três perfilados desta *Iconografia Brasileira*. Inicia comparando o músico brasileiro a Guido d'Arezzo,[26] algo recorrente nos textos de Porto-Alegre (como se um artista local só fosse bom se comparado a um europeu). Antes de Maurício, esclarece, o Rio conhecera outro músico notável, Manuel da Silva Rosa. Mas este em nada influiu na formação daquele, por jamais ter aceito alunos. A partir daí, Manuel José narra a biografia do padre Maurício. Carioca nascido em 22 de setembro de 1767, filho legítimo, descendia por parte do pai Apolinário Nunes Garcia, mulato, alfaiate, de uma família do Irajá; e pelo lado da mãe, a

---

26 Guido D'Arezzo (992-1050), monge italiano regente do coro da Catedral de Arezzo, na Toscana, criou a notação moderna do tetragrama: a pauta com cinco linhas, dando o nome das notas como as conhecemos hoje: dó, ré, mi...

mineira Vitória Maria Garcia, de uma negra da Guiné. O pai morreu cedo, sendo educado pela mãe e uma tia. Desde pequeno manifestou vocação para a música, tendo belíssima voz. Era exímio improvisador e dominava a viola e o cravo sem ter feito estudos formais. Chamava atenção sua memória: reproduzia fielmente tudo o que ouvia tocar.

O jovem músico estudou com o professor Salvador José *[de Almeida Faria]*, artista vindo de Minas Gerais. Frequentou ainda as aulas de latim com o padre Elias, e de filosofia com o Dr. Goulão. Como naquela época, escreve Manuel de Araújo, "As vestes religiosas tinham o prestígio e o privilégio de serem respeitadas desde a sala do vice-rei até a mais nobre habitação: o hábito substituía a idade, o nascimento, a riqueza e o saber". Maurício foi ordenado sacerdote em 1792.[27] Seu biógrafo cita o depoimento do bispo José Caetano da Silva Coutinho[28] elogiando o padre não por suas artes de músico, mas por sua erudição e bom desempenho sacerdotal. Porto-Alegre cita também o elogioso texto de Januário da Cunha Barbosa (outro biógrafo de Maurício Nunes), publicado no *Diário Fluminense* de 7 de maio de 1830.

A segunda parte do perfil abarca o período da chegada da Família Real Portuguesa. Dado o fascínio de dom João com a música e a dança, as perspectivas para o músico carioca se ampliaram. Foi condecorado com a Ordem do Cristo e ga-

---

27 Na realidade, o músico frequentou as "Aulas Régias", assistindo às classes de História, Geografia, Francês, Italiano, Gramática latina com o padre Elias (cuja qualificação Manuel José não se preocupou em documentar); já o curso de Filosofia Racional e Moral, do dr. Goulão, vem a ser o professor Agostinho Corrêa da Silva Goulão. Formado na Universidade de Coimbra, chegou ao Rio de Janeiro em 1789, ocupou a cadeira de Filosofia Racional e Moral.

28 Em se tratando de um bispo, Manuel Araújo cuida dos detalhes de um nome de quatro elementos, já o padre Elias...

nhou pensão. Mas as encomendas de novas composições pelo Príncipe Regente eram muitas, quase sempre "em cima da hora", o que além de aumentar significativamente o acervo do compositor, minou-lhe a saúde, pelas noites em vela para terminar as renovadas encomendas de *Te Deum*, missas, oratórios, além de música para festividades e até alguma opereta.

Manuel Araújo aborda o jogo de ciúmes provocado com a vinda de Lisboa do organista e mestre capela Marcos Portugal, em 1811.[29] Mas não revela que boa dose das intrigas do músico português contra o Padre Maurício se devia ao fato de este, sendo sacerdote, ter cinco filhos com a senhora Severiana Rosa de Castro.

O "célebre" Neukomm,[30] discípulo de Haydn, que segundo Porto-Alegre veio para a corte como lente de música junto com a colônia artística dirigida por Le Breton para fundar a Academia de Belas Artes, "me disse em Paris, a propósito do mestre brasileiro, que ele era o primeiro improvisador do mundo. Louvou o caráter do autor da famosa *Missa de Réquiem* [...] 'Ah! Os brasileiros nunca souberam o valor do homem que tinham, valor tanto mais precioso pois que era fruto dos seus próprios recursos'".

O perfil seguinte desta *Iconografia* é o de Valentim da Fonseca e Silva, o mestre Valentim. Manuel José já havia discorrido sobre ele em seu discurso perante o Instituto Histórico em

---

29 Manuel de Araújo sugere um perfil baixo para Marcos Portugal, o que não corresponde ao mérito do compositor, autor de 40 óperas e muitas obras sacras, entre as quais 20 peças para os seis órgãos da Basílica de Mafra. Foi professor de música de Pedro I.
30 O austríaco Sigismund von Neukomm (1778-1858), trabalhou no Rio de 1816 a 1821. Não teve nenhum laço com a suposta missão francesa. Veio como integrante da comitiva do Duque de Luxemburgo, diplomata indicado embaixador na corte do Rio, quando a França reconheceu e estabeleceu relações diplomáticas com o novo país.

Paris. Mas aqui, passados tantos anos, ele tem dados novos para apresentar. Manuel de Araújo não esconde sua pouca consideração com o Barroco, utilizando a expressão "barromínico" em tom despectivo. Tece elogios aos trabalhos de escultura em metal, realizadas pelo mestre Valentim, uma referência na "torêutica" (a arte de cinzelar, de esculpir em metal, madeira ou marfim).

> Talvez fosse Valentim uma das causas poderosas que motivaram aquela bárbara carta régia de 30 de agosto de 1766, que mandou fechar todas as lojas de ourives, sequestrar todos os instrumentos da arte, recrutar todos os oficiais solteiros, proibir o ofício no Rio de Janeiro e castigar os delinquentes com as penas de moedeiros falsos! Porquanto é sabido, e foi sempre constante, que semelhante carta régia fora lançada em favor de alguns ourives de Portugal a que os nossos tiravam o ganho, o que é claro à vista da perfeição das obras de prata e ouro daqueles tempos e das lâmpadas e mais objetos que se veem em São Bento, Carmo e Santa Rita, modelados e inventados por Valentim (Porto-Alegre, 2014, p. 337).

Esclarece que embora tidas por muitos como obra de Valentim, tanto a Igreja da Santa Cruz dos Militares como a da Candelária[31] não foram de sua lavra. Segundo o ensaísta, a primeira teve o desenho de José Custódio de Sá e Faria. E a segunda foi do mestre Marcelino, canteiro e autor das obras (Porto-Alegre, 2014, p. 334).[32]

---

31 Manuel Araújo publicara uma pequena nota na revista *Minerva Brasileira* nº 3, de dezembro de 1844, sobre a Igreja Paroquial de N.S. da Candelária, onde conta a história dos votos feitos por Antonio Martins da Palma e sua esposa Leonor Gonçalves: correndo risco de naufrágio, prometeram construir a igreja para a senhora da Candelária em 1609.
32 É bom lembrar: Manuel Araújo escreve esse ensaio em 1856, e a Candelária ainda passaria por muitas alterações e acréscimos. Consta que

O ensaísta parece preferir falar do que não mais existe (obras destruídas, painéis caiados, registros de batismo desaparecidos das sacristias), citando com frequência vagos depoimentos "dos antigos", do que se deter em alguns dos trabalhos que Valentim fez de melhor, como as talhas de Igreja de São Francisco de Paula (Valentim é o autor do altar mor e da capela de Nossa Senhora da Vitória, dessa igreja).

O terceiro e último perfil deste longo ensaio é dedicado ao artista plástico Francisco Pedro do Amaral. É assim que o ensaísta o introduz: "Na época em que se manifestou a vocação artística deste laborioso fluminense, tinham desaparecido Valentim, Leandro Joaquim e Raimundo. José Leandro, pelas virtudes naturais, era o artista de maior vulto, por ser o maior retratista". Mas Francisco Pedro foi estudar com Manuel Dias de Oliveira Brasiliense,[33] com quem conviveu por sete anos.

Talvez por o mestre não ter se filiado ao grupo da "escola" francesa, Araújo alfineta: "Apesar da constante aplicação do aluno, nunca chegou às alturas da pintura histórica, fosse por causa do método de ensino do mestre, ou porque suas disposições naturais o afastassem deste gênero. O certo é que da escola de Manuel Dias não saiu um único figurista que tal nome mereça" (Porto-Alegre, 2014, p. 339).

---

seu desenho é do engenheiro militar português Francisco João Roscio, com revestimento interior desenhado por Antonio de Paula Freitas e Heitor Cordoville. As pinturas murais são de João Zeferino da Costa, docente da Academia de Belas Artes. Costa teve ajuda de Henrique Bernardelli, Oscar Pereira da Silva e Giambattista Castagneto. Os púlpitos, do escultor português Rodolfo Couto, foram colocados em 1931. Antes, em 1901, foram afixadas as portas de bronze, do português, Teixeira Lopes. Mestre Marcelino não consta dessas informações.

33 Manuel Dias de Oliveira Brasiliense é o mesmo Manuel Dias, o Romano, já biografado por Porto-Alegre para a *Revista do IHGB* em 1848.

O restante do perfil, algo como quatro páginas, não oferece nenhuma informação de interesse, além da encomenda de painéis para a Biblioteca ("que em breve desaparecerão, pois ocorrerá o mesmo que aconteceu às pinturas a fresco da Secretaria do Império, que foram caiadas e cobertas de papel pintado").[34]

Depois da biblioteca, passou Francisco Pedro a pintar o palácio da Marquesa de Santos. Nesta obra, desenvolveu ele um grande talento de compositor e poeta: hoje nada existe, porque esse palácio foi de todo reconstruído modernamente, para atestar o regresso em que vão os nossos proprietários abastados. Existe ainda a casa de Plácido, no Largo do Rocio, pintada à têmpera pelo artista, e algumas outras de menor importância (Porto-Alegre, 2014, p. 340).

Há ainda muitos textos publicados no anexo do catálogo "Singular&Plural", já mencionado. De modo geral, todos apresentam estrutura muito semelhante, amostras de algumas características forte do nosso personagem, como se viu no capítulo anterior, sobre a construção de uma biografia. Um dos textos, aproveitados aqui, o *Apontamentos Biográficos*, de 1858, foram esmiuçados naquele mesmo capítulo. O capítulo final deste trabalho, o das considerações finais, aprofundará essa análise.

O que importa ressaltar no trabalho de ensaísta de Manuel de Araújo Porto-Alegre é a busca da criação daquilo que a pesquisadora francesa Armelle Enders chamou de "fabricação de heróis como figuras exemplares para a formação do brasileiro". Mesmo que para isso ficasse a meio de caminho na identificação dos Raimundos ou dos Elias.

---

34 Como já se viu, Manuel José se refere a um painel executado por seu mestre J.B. Debret.

4. Estreia do Romantismo
Nitheroy, uma revista divisora de águas?

O lançamento em Paris de uma revista publicada em português não foi exatamente um feito inédito. Quando *Nitheroy* foi lançada, já tínhamos dezenas de publicações mensais brasileiras que, ao contrário das gazetas bissemanais ou dos diários, reuniam artigos diversos. Essa diversidade do meio revista era lembrada em nomes recorrentes: armazém, magazine, novidades.[1] Depois viriam as designações ilustrada ou ilustração para as publicações que traziam imagens.

O momento vivido pelo Brasil quando os editores lançaram *Nitheroy* era tenso, algo recorrente no país. Vivia-se em 1836. E o decorrer daquele ano foi marcado por sucessivos incidentes, resultado de uma sucessão de desencontros. Proclamado em maio de 1822 como "Defensor Perpétuo do Brasil", numa inteligente manobra de Joaquim Gonçalves Ledo (1781-1847) para comprometer o príncipe na defesa da

---

1   É inapropriado ou anacrônico o uso de palavras como revista ou jornal para as publicações de início do século XIX. A divisão entre o que hoje se chama de *hard news* (os noticiosos ou jornais) e as publicações não ligadas à cobertura de fatos, mas à discussão de ideias e estilo (as revistas), só se dará na segunda metade daquele século, com a introdução do telégrafo, da imagem (xilo ou litogravura) e da impressão a vapor nas publicações diárias.

causa nacional, Pedro I passou rapidamente de herói a inimigo. Já no ano seguinte ao da Independência, iniciou a série de desacertos que levou à renúncia e ao desterro. A sequência de atos autoritários é conhecida: a dissolução da Assembleia Constituinte em 1823 (assembleia que tanto ele quanto o patriarca José Bonifácio não conseguiram evitar); a outorga da Constituição de 1824; a Confederação do Equador, no mesmo 1824, reprimida com uma violência não usual nestes trópicos; a guerra contra a Argentina pela posse da Cisplatina (Uruguai), iniciada em 1825 e perdida em 1828; o assassinato do jornalista Giovanni Baptista Líbero Badaró, em São Paulo, em 1830.

O clima tenso culminou com a molecagem do imperador no episódio da "noite das garrafadas" (13 de março de 1831). Em menos de um mês, no dia 7 de abril, o imperador abdicava, para voltar a sua Europa de origem. O período que se seguiu foi de instabilidade ainda maior, durante o período das regências. Desencadeada em 1835, a Revolução Farroupilha proclamava, em 1836, a República Rio-Grandense, indicando Bento Gonçalves como o presidente desse novo e fugaz país.

A imprensa brasileira, que ainda engatinhava, era um reflexo desse momento conturbado. Jornais eram lançados com a missão de defesa de causas, sem muita preocupação com o interesse do público leitor. Após duas ou quatro semanas, deixavam de circular, acumulando dívidas. O proprietário vendia os equipamentos de impressão para outro exaltado que lançava uma nova publicação. E a história se repetia. Foi nesse agitado período que vicejaram os pasquins, muitas vezes publicações de apenas um número, que marcavam a cena da capital desde 1821. Foi neste ano que se deu o final da censura ou da proibição de publicações que não tivessem autorização do rei. A liberdade de publicar sem permissão real foi uma exigência da revolta ou rebelião do Porto (que impôs a volta da família real a Portugal; a convocação de uma constituinte e a liberdade de imprensa).

Até 1821 o Brasil contava com apenas duas casas impressoras autorizadas: a Impressão Régia, no Rio de Janeiro, criada em 1808, com o lançamento da pioneira *Gazeta do Rio de Janeiro*; e a gráfica de Manuel Antonio da Silva Serva, instalada em 1811, em Salvador, que publicou o segundo jornal brasileiro, *A Idade d'Ouro do Brazil* (circulou entre 14 de maio de 1811 a 24 de junho de 1823). Praticamente todos os periódicos lançados no período após o fim da censura (majoritariamente semanais e de vida efêmera) eram na verdade instrumentos de luta e de panfletagem. Com a mesma vitalidade com que nasciam, quase todos logo feneciam. A historiadora Isabel Lustosa, em seu livro *Insultos Impressos*, relaciona no final da obra 38 títulos consultados: todos lançados entre os anos de 1821 e 1823.

Alguns desses títulos eram panfletos de uma única edição, sem periodicidade. Outros tiveram a curta duração de dois ou três números. Alguns faziam troça com o próprio nome, como *O Macaco Brasileiro*, redigido por Manuel Zuzarte e Pedro da Silva Porto, que circulou de junho a agosto de 1822, chegando a 16 números. Ou *O Papagaio*, de Luís Moutinho Alves e Silva (editado de 4 de maio a 8 de agosto de 1822). Alguns deixaram importantes marcas, como o *Revérbero Constitucional Fluminense*, de Gonçalves Ledo e Januário da Cunha Barbosa (15 de setembro de 1821 a 8 de outubro de 1822) ou o *Correio do Rio de Janeiro*, de João Soares Lisboa, que em duas fases (10 de abril a 21 de outubro de 1822 e de 1º de agosto a 24 de novembro de 1823)[2] contribuiu para a discussão sobre a oportunidade de o Brasil se consolidar como uma República, como ocorrera de fato com as outras ex-colônias, inglesas ou espanholas. Outro personagem – o antagônico perfeito de João Soares Lisboa –, José da Silva Lisboa[3] (futuro Visconde de Cairu) também foi um divisor de águas com seus *Conciliador do Reino Unido* (1º de março a 28 de abril de 1821) e *Atalaia* (31 de maio a 2 de setembro de 1823): no primeiro defendia a permanência do Brasil como reino unido a Portugal; no segundo, após a animosidade da Constituinte portuguesa (as Cortes) com a presença dos deputados do Brasil, defendeu uma monarquia menos liberal, mas separada da metrópole.

Nesse contexto de publicações fortemente proselitistas, quase como um ator solitário, apenas o pioneiro *Diário do Rio de Janeiro* teve longa vida (circulou entre 1821 e 1878) seguindo uma trajetória de não opinar, apenas informar e oferecer serviço (no início era também conhecido como o "Diário da Manteiga", por publicar preço de gêneros alimentícios), como a chegada de navios ao porto, a tábua das marés, além de ofertas de emprego, anúncios de busca de escravos fugitivos; aluguel

---

2 A explicação para a interrupção do semanário foi o exílio do jornalista (português de nascimento), que durante esse período fugira com Gonçalves Ledo para Buenos Aires na devassa promovida por José Bonifácio, conhecida como a "Bonifácia".
3 Ainda utilizando a conceituação de Isabel Lustosa, o período da independência foi de grandes discussões sobre a nacionalidade. Ela identifica quatro vieses: os portugueses e os brasileiros, os portugueses/brasileiros, e os brasileiros/portugueses. João Soares Lisboa, nascido em Portugal, sem formação superior, lutava por um Brasil republicano e desvinculado da metrópole: era um português brasileiro; Cairu, da elite baiana e da nata coimbrã, seria um brasileiro-português: batalhou pela manutenção do reino unido, e depois por uma monarquia conservadora.

de residências. Os pasquins,[4] ou os "insultos impressos", como bem os chamou a historiadora Isabel Lustosa, eram armas de luta e de doutrinamento, sem compromisso com o jornalismo noticioso conhecido hoje.

Muito diferente era o segmento das revistas. A primeira delas, de 1812, teve também curta duração: As *Variedades, ou Ensaios de Literatura*, criada pelo editor Diogo Soares da Silva de Bivar, sob os auspícios do já citado impressor Manuel Antônio da Silva Serva, teve dois (ou três) exemplares e seguia a receita da época: extrato de publicações estrangeiras, crônicas de viagem, artigos diversos (discussão de costumes).[5] No ano seguinte, a Impressão Régia do Rio de Janeiro lançou *O Patriota*, publicação mensal que circulou entre janeiro de 1813 e dezembro de 1814, somando 18 edições. Mais densa, mirava o público leitor das nascentes academias da ex-colônia (Costa, 2012). Seguiram-se publicações como *O Espelho* (circulou de 1821 a 1823, com 167 números); *Annaes Fluminense de Ciências, Artes e Literatura*

---

4 Em sua clássica *História da Imprensa no Brasil*, o pesquisador Nelson Werneck Sodré, em meio a muitos anacronismos, realiza no capítulo 7 de seu livro uma análise definitiva das características dos pasquins: 1) o insulto; 2) vida curta (poucos foram além do primeiro número); 3) folha solta, geralmente impressa dos dois lados; 4) um único tema ou artigo, muitas vezes no estilo de carta-aberta; 5) obra de um único autor; 6) anonimato: o pasquim não tinha assinatura ou nome do diretor; 7) o uso das epígrafes (uma frase ou citação que inicia o folheto); 8) texto violento e inflamado (virulento); 9) sempre político (doutrinário e não informativo). Entre as anacronias de Werneck, um bom exemplo é ele cobrar do *Revérbero Constitucional Fluminense*, uma publicação de ideias e debates, não ter "noticiado" a independência no número depois de 7 de setembro, uma data que, como se disse, foi fixada a posteriori.

5 A bem da verdade, é costumeiro apontar o *Correio Braziliense, Armazém Literário* como o primeiro jornal do Brasil, embora publicado na Inglaterra com suporte da maçonaria. No caso, o *Correio*, de periodicidade mensal e com até 120 páginas, seria nossa primeira "revista", jamais jornal. As gazetas da época eram publicadas duas vezes por semana, com apenas 4 páginas.

(1822, número único); *O Espelho Diamantino* (1827-1828, 14 números); *O Beija-Flor* (1831-1832, 8 edições); *Espelho das Brazileiras* (bissemanal, 30 edições em 1831, publicada no Recife); e a *Revista da Sociedade Philomathica* (1833, mensal, teve 6 números e era publicada na cidade de São Paulo).

É nesse nicho que se encaixa *Nitheroy, Revista Brasiliense*, periódico publicado em 1836, em Paris, dois anos depois da apresentação triunfal do trio de estudantes brasileiros Gonçalves de Magalhães, Torres Homem e Manuel de Araújo Porto-Alegre no Instituto Histórico de Paris. A publicação criada por eles ainda hoje marca o imaginário acadêmico brasileiro como o "órgão da divulgação pioneira do Romantismo entre nós". Tinha, por objetivo, a divulgação de cultura no Brasil. É lugar comum dizer que é ela a precursora de nosso romantismo.

Revista Nitheroy - Análise dos números 1 e 2

Recorremos à ficha catalográfica da Biblioteca Nacional (BN) como peça descritiva da publicação. "Nitheroy: revista brasiliense, ciências, letras e artes". Paris, França: Imprimerie de Beaule et Jubin, 1836. 2 fasc.: 22 x 14 cm. Epígrafe: "Tudo pelo Brasil e para o Brasil". Redatores: Gonçalves de Magalhães, Torres Homem, Manuel de Araújo PortoAlegre ("foram os três primeiros grandes nomes do romantismo brasileiro", esclarece o redator da ficha), Eugenio de Monglave. Editor: Dauvin et Fontaine, Libraires. A ficha da BN inclui entre os autores o francês Eugène de Monglave,[6] o secretário perpétuo do Institut Historique de Paris (fundado em dezembro de 1833).

---

6   Eugène Garay de Monglave (seu nome era Eugène Moncla, de origem basca), esteve no Brasil de 1820 a 1823 e chegou a pensar em se naturalizar brasileiro. Foi próximo de D. Pedro I, de quem traduziu a correspondência com o pai, D. João VI. Dos cerca de vinte livros que se propôs a traduzir

Manuel de Araújo Porto-Alegre: um artista fora do foco   111

O tamanho da capa [figura 1] fornecido pela Ficha Catalográfica de BN é de 22 x 14. Para ter uma ideia desse tamanho, basta dizer que uma revista padrão nos dias atuais, como a *Veja*, tem o formato de 26,5 x 20 cm. Um tamanho próximo ao da publicação analisada seria o dos suplementos como o *D/Divirta-se*, que circula às sextas-feiras como suplemento do jornal *O Estado de S. Paulo*, com o formato de 23 x 13,5 (uma altura pouco maior que as revistas infantis como *O Pato Donald*). Ou seja, *D/Divirta-se* tem um formato muito aproximado do apresentado pela *Nitheroy*.

Figura 1. Capa do número 1 de *Nitheroy, Revista Brasiliense*.

para o francês, conseguiu finalizar apenas *Marilia* (a partir dos poemas de *Marília de Dirceu*, de Tomás Antônio Gonzaga. Paris: C. L. F. Panckoucke, 1825), e o *Caramuru ou la découverte de Bahia*, versão do *Caramuru*, de Santa Rita Durão (Paris: Eugène Renuel, 1829). A edição foi dedicada à filha do imperador Pedro I, D. Maria da Glória, futura rainha de Portugal.

A capa de *Nitheroy* tem como ornamento um desenho litográfico de esferas armilares (instrumento de astronomia aplicado em navegação, com um modelo reduzido do planeta) e de ferramentas de medição sobrepostos, uma representação clássica do saber científico. Na parte superior da página fica o título e seu subtítulo, com a típica epígrafe das publicações do século XIX: "Tudo pelo Brasil e para o Brasil". Além da informação: Tomo Primeiro, n° 1°. Segue-se o ornamento litográfico já descrito. Na base inferior, a informação do local da edição, Paris, da casa editorial Dauvin et Fontaine, Libraires, e o ano da edição, 1836. Esse primeiro número tem 188 páginas.

A segunda página apresenta apenas na base o nome da casa impressora: Paris. Imprimerie de Beaule et Jubin, Rue de Monceau Saint-Gervais, 8.

As páginas 3 e 4 são ocupadas pela apresentação da revista: "Ao leitor".

"O amor do país e o desejo de ser útil aos seus concidadãos foram os únicos incentivos que determinaram os autores desta obra a uma empresa que, excetuando a pouco glória que caber-lhes pode, nenhum outro proveito lhes funde." Essa página inicial de apresentação já marca a diagramação da pequena revista: desenhada com uma única coluna, mais ao estilo de livro, como muitas publicações da época. Em média, cada página conterá 30 linhas de cerca de 50 caracteres (contando os espaços). Para efeitos de comparação, uma página do *D/Divirta-se*, do jornal *O Estado de S. Paulo*, é desenhada em 3 colunas com uma média de 75 linhas – cada linha com cerca de 28 caracteres.

A página 5 (da cópia digital da Biblioteca Nacional) abre o primeiro artigo da revista. Seu título repete no nome simplificado da publicação "Revista Brasiliense", tendo a seguir a palavra Astronomia (o que em jornalismo se chama "retranca") e o título: "Dos Cometas". A página seguinte é a primeira a trazer numeração, mas o número não é o esperado 6, mas o de página 8. Provavelmente o exemplar original teria uma folha em branco, não fotocopiada ou microfilmada pela Biblioteca Nacional em sua versão digital. "Dos Cometas" é um artigo longo, se estende da página 7 até a 34. Tem assinatura, nesta última página, de C.M. D'Azevedo Coutinho.[7] Ao longo das 28 páginas, o artigo esmiúça o tema dos cometas: trata da nebulosidade, da cauda, da luz, da natureza das órbitas, dos elementos de um cometa, da maneira de saber se um cometa aparece pela primeira vez ou se já foi visto e estudado anteriormente, e trata dos cometas periódicos, elencando o Halley (cujo primeiro registro histórico se deu em 1682, tendo aparecido no ano anterior à publicação do artigo: 1835), além dos cometas de Lexell, Encke, Biela – astros de aparição periódica. O autor finaliza seu artigo dissertando sobre os efeitos dos cometas sobre a Terra.

O artigo seguinte, com a retranca "Considerações econômicas", tem o título "Sobre a escravatura". Começa na página 35 e termina na 82, em que aparece a assinatura do autor, F.S. Torres Homem.[8] É outro artigo longo, de 48 páginas, uma das

---

7 Uma atenta pesquisa sobre o autor nas ferramentas de busca da internet resultou infrutífera. Poderia tratar-se de Candido Maria de Azeredo Coutinho, diplomado em Coimbra e natural de Maricá, RJ.

8 O advogado, jornalista, diplomata, escritor, médico e político carioca Francisco de Sales Torres Homem, visconde de Inhomirim (Rio, 29 de janeiro de 1812-Paris, 3 de junho de 1876), é o menos conhecido dos três criadores da *Nitheroy* – embora seguramente dos três o mais sólido intelectualmente: não foi discípulo de Monte Alverne. Formado pela Escola Médico-Cirúrgica do Rio, não chegou a exercer a profissão. Fez parte do círculo de Evaristo da Veiga, colaborando com a *Aurora Fluminense*. Em 1833 foi para a Europa por incentivo de Evaristo, que lhe conseguiu o posto de secretário da legação brasileira na França. For-

marcas da revista. E é uma boa amostra da qualidade e da seriedade do texto de Francisco de Sales Torres Homem, um dos três criadores da publicação – deles sem dúvida o mais consistente. A leitura de "Sobre a escravatura" é pontuada de reflexões pertinentes e de dados estatísticos e de exemplos. Torres Homem cita autores como Jean Baptiste Say, François de La Rochefoucauld e Tocqueville, comparando o atraso do Kentucky com o arrojo de Ohio, num momento em que se detém a analisar a escravidão nos Estados Unidos.

Torres Homem começa sua análise na Antiguidade, e cita uma frase de Aristóteles, em *Moral e Política:* "Em um estado bem governado, não devem os cidadãos exercer artes industriais e nem se dar ao comércio". Estaria aí a fonte de tantos males e sobretudo da cultura ibérica de não valorizar as manualidades, algo já abordado no capítulo anterior.

> O Brasil fez em poucos anos o que à velha Europa custou largos séculos de dolorosas tentativas. Seu desempenho industrial, porém, foi retardado pelo monstruoso corpo estranho implantado no coração de sua organização social. A posse de escravos nos tem evidentemente impedido de trilhar a carreira da indústria, vede as consequências da escravatura (*Nitheroy* 1, p. 79).

---

mou-se advogado em Paris, mas dedicou-se mais a estudos financeiros. Na volta ao Brasil, teve ampla atuação, editando as revistas *Guanabara* e *Minerva Brasiliense*. Foi duas vezes deputados, diretor do Tesouro Nacional, presidente do Banco do Brasil e duas vezes ministro da Fazenda (1858 e 1870). Sua escolha por Pedro II na listra tríplice para o Senado para representar o Rio Grande do Norte gerou a crise política que terminou com o pedido de demissão do presidente do conselho, Zacarias de Gois e Vasconcelos.

O autor enriquece sua argumentação com dados comparativos. Em 1790, o Estado da Virgínia tinha uma população de 454.183 habitantes, o que lhe dava direito a 19 deputados no Congresso, enquanto Nova York, com uma população de 316.796 contava com apenas 10. Quatro décadas depois, em 1830, com uma população de 1.918.534, Nova York tinha 40 representantes no Congresso, enquanto Virginia, com 741.636 habitantes, dispunha de apenas 21. Por trás dessa diferença estaria a escravidão (*Nitheroy* 1, p. 67).

O ensaísta cita ainda o exemplo da operosidade e afinco do povo holandês, que consegue proezas com o pouco espaço e as condições adversas de seu território. Mas ao ir para a colônia e contar com a mão-de-obra escrava, o colono torna-se indolente. No Cabo da Boa Esperança, escreve ele, o holandês jamais trabalha (*Nitheroy* 1, p. 51).

Como escreve a pesquisadora Débora El-Jaick Andrade:

> O jovem diplomata orientava a classe proprietária do Brasil sobre o caminho a seguir, tomando como modelo as sociedades modernas onde predominariam a indústria, o acréscimo de riquezas, oficinas, máquinas a vapor e bancos, por exemplo. Com o avanço das ideias e dos costumes e o progresso da reflexão, deveriam rejeitar "a desarmoniosa e imoral exploração do homem pelo homem", entendendo que o destino inevitável da humanidade e da civilização é o trabalho livre (Andrade, 2009: 417).

Francisco de Sales Torres Homem conclui o artigo com algumas considerações: a escravatura traz os seguintes inconvenientes: 1) a inércia das classes livres; 2) a dificuldade de emigração de colonos europeus, de que modo algum querem concorrer com escravos; 3) a impossibilidade de uso das máquinas;

4) o estado de pobreza da nação, pela limitada produção, pela imperfeição dos produtos, resultado da indolência e da incapacidade do escravo; 5) lentidão da marcha ou do crescimento da população (*Nitheroy* 1, p. 84).

A página 85 da revista, com a rubrica "Reflexões", traz o artigo "Sobre o crédito público e sobre o relatório do ministro da Fazenda". Novamente se trata de um artigo do mesmo Torres Homem, uma reflexão que ocupa as próximas 49 páginas da publicação, terminando na página 131.

Torres Homem inicia sua crítica ao relatório do Ministério da Fazenda com uma bela metáfora; escreve ele que os célebres erros de Descartes (1596-1650) e de Thico-Brahe (1546-1601, famoso astrônomo dinamarquês) sobre o sistema do mundo,

> Nenhum transtorno causaram [*se refere aos erros de Descartes*] à sociedade e nem à ordem física. Sem aguardar o desmentido deles, continuaram os corpos celestes a mover-se segundo leis não susceptíveis de ser modificadas pela influência das humanas teorias. Outro tanto, porém, não acontece em economia política. É verdadeira calamidade o domínio de um mau princípio sobretudo quando proclamado por aqueles que governam a sociedade – e quando não lhes falta o apoio do poder legal para ser levado a efeito (*Nitheroy* 1, p. 92).

"Ensaio sobre a história da literatura do Brasil, estudo preliminar", é o artigo seguinte (páginas 132 a 159) e o "manifesto" que – segundo a historiografia de nossa literatura – marcaria o início do movimento do romantismo entre nós. Tem a assinatura de D.J.G de Magalhaens – Domingos José Gonçalves de Magalhães: total de 28 páginas, contra as 48 e 49 dos dois ensaios precedentes assinados por Francisco de Sales Torres Homem.

"Cada povo tem sua literatura, como cada homem o seu caráter, cada árvore seu fruto", escreve Magalhães no segundo parágrafo. Para logo a seguir fazer a ressalva: é diferente o caso dos povos cuja civilização é reflexo da civilização de outro povo (o caso do Brasil). Semelhante à árvore enxertada, vê pender dos galhos de um mesmo tronco frutos de diversas espécies. Esses frutos que brotam do enxerto adquirem algumas qualidades *(Nitheroy* 1, p. 133). Inicia, por essa brecha, o que será a valorização de um "diferencial" que poderia existir na literatura brasileira.

O ensaísta se queixa da pouca documentação sobre o exercício literário no Brasil. Cita autores estrangeiros que escreveram sobre a literatura pátria, como o pintor Bouterwek, o clássico Ferdinand Denis e Simonde de Sismondi.[9] Do primeiro, artista alemão, que estudou com Delacroix e viveu mais de 25 anos em Paris, afirma que chegou a conhecer Claudio Manuel da Costa, "de quem alguns pedaços apresenta". Escreve Magalhães:

> Em seu resumo da história literária de Portugal e Brasil, Ferdinand Diniz [sic], posto que estejam elas separadas, e por ventura mais extenso desenvolvimento esta última ofereça, contudo, basta uma vista d'olhos para ver-se que

---

9   Friedrich August Bouterwek (1806-1867) não teve entre suas preocupações maiores a literatura e nem o Brasil. O suíço Jean Charles Léonard Simonde de Sismondi (1773-1842), economista e ensaísta político, teve mais importância por seus trabalhos sobre economia política do que sobre literatura. O que ele poderia ter como elemento de ligação seria o fato de sua assídua participação nas reuniões de Mme. Staël, autora citada por Magalhães ao longo do ensaio. Ferdinand Diniz é na realidade Jean-Ferdinand Denis (1798-1890), viajante, historiador e escritor nascido em Paris que viveu 5 anos no Brasil. Escreveu *Resumé de l'histoire du Brésil suivi de le Resumé de l'histoire de la Guyane* (1825) traduzido (e adaptado) no Brasil em 1836 por Henrique Luiz de Niemeyer Bellegarde e logo adotado como livro didático no ensino fundamental e médio durante o Segundo Reinado.

ainda longe está de ser completa, servindo apenas para dar uma ideia a estrangeiros. Eis tudo o que sobre a Literatura do Brasil se tem escrito (*Nitheroy* 1, p. 136).

Em seu texto, o autor de *Suspiros Poéticos e Saudades* anunciava não pretender traçar a biografia cronológica dos escritores que povoaram a história do Brasil, mesmo porque não dispunha de muitos dados, como já se referira. Por outro lado, ele retomava na história "a tradição viva dos homens, de como se passaram as coisas", pois, "seguindo a marcha do desenvolvimento intelectual, e pesquisando o espírito que a presidia, poderemos livremente mostrar, não acabado, mas ao menos verdadeiro quadro histórico da nossa literatura" (*Nitheroy*, 1, p.135). Contudo, as questões que propõe verificar, a origem, o progresso da literatura, as condições em que floresceram os poetas, revelam a importância atribuída aos escritores individuais, o que reflete a concepção de que "a glória de uma nação não é senão um reflexo da glória de seus grandes homens" (*Nitheroy* 1, p.139).

O Brasil, escreve, descoberto em 1500, jazeu três séculos esmagado sob a cadeira de ferro do governo colonial (*Nitheroy* 1, p. 138). Mas "Jamais uma Nação poderá prever o seu futuro, quando ela não reconhece o que ela é, comparativamente com o que foi. Estudar o passado é ver melhor o presente, é saber como se deve marchar" (*Nitheroy* 1, p. 145). Marchar, para Magalhães, significava "engrandecer-se, é desenvolver todos elementos de civilização". Faltava, ao país, além de cultuar as ciências, as letras e a indústria, valorizar seus literatos e criar tradição literária autônoma, separada da portuguesa.

A poesia do Brasil não é uma indígena civilizada, é uma grega vestida à francesa e à portuguesa e climatizada no Brasil. [...] Encantados por esse nume sedutor, por esta bela estrangeira, os poetas brasileiros se deixaram levar por seus cantos e olvidaram as simples imagens que uma natureza virgem com tanta profusão lhes oferecia [...] Ora, tão grande foi a influência que sobre o gênio brasileiro exerceu a mitologia grega transportada pelos poetas portugueses, que muitas vezes poetas brasileiros em pastores se metamorfoseiam e vão apascentar seus rebanhos às margens do Tejo e cantar à sombra das faias. Mas existe no homem um instinto oculto que em despeito dos cálculos de educação o dirige. E de tal modo este instinto aguilhoa o homem que em seus atos imprime um certo caráter de necessidade (*Nitheroy* 1, p. 146-147).

Hoje, o Brasil é fruto da civilização francesa, escreve na página 149. Utiliza o raciocínio, também desenvolvido por Torres Homem, de que a França napoleônica, invadindo Portugal, forçou a transferência da Corte para o Brasil, deixando este a condição de colônia, sendo elevado a Reino irmão. Sem a Revolução Francesa este passo tão cedo não se daria (*Nitheroy* 1, p. 150).

Gonçalves Magalhães busca vestígios de talento na música, na dança e na poesia das tribos dos tamoios, caetés e tupinambás, citando um manuscrito anônimo de "Um roteiro sobre o Brasil" encontrado na Biblioteca de Paris (*Nitheroy* 1, p. 155). Lembra o trabalho dos jesuítas com os meninos indígenas, citando para isso a *Vida do Venerável Padre José de Anchieta*, de Simão Vasconcelos.[10] E também arrola as bibliotecas conventuais de nosso país, com destaque para a da Bahia (*Nitheroy* 1, p. 156 e 157). E termina abruptamente o texto: "Quanto a nós,

---

10 Clérigo jesuíta do século XVII, escreveu obras históricas sobre a América Portuguesa, como a *Chronica da Companhia de Jesus do Estado do Brazil* e do *que obraram seus filhos nesta parte do novo mundo* e a *Vida do Venerável Padre José de Anchieta* (1663)

a nossa convicção é a de que nas obras de gênio o único guia é o gênio, que mais vale um voo arrojado deste do que a marcha refletida e regular da servil imitação". Estamos na página 159, final do ensaio.

A página 160 inicia outro ensaio, "Sobre a música", com a retranca "Ideias". Segue por 24 páginas, de tamanho quase idêntico ao do ensaio de Gonçalves Magalhães (28 páginas). Termina com a assinatura de M. de Araújo Porto-Alegre.

Rebuscado, o autor inicia seu artigo com uma epígrafe, de um poema de Magalhães, "O Gênio e a Música": "Na culta Grécia, na guerreira Roma/ Endeusada, a Harmonia cultos teve;/ Entre bárbaros, galos, francos/ Celtas, bretões, a música divina/ Os cruentos costumes adoçava".

Manuel de Araújo segue muito de perto o roteiro do ensaio anterior, escrito pelo amigo Magalhães, iniciando sua reflexão pelas considerações sobre a música na Antiguidade, da Grécia até o Renascimento, passando pelos bárbaros das grandes invasões. É um texto etéreo, ao estilo de tantos outros escritos de Manuel de Araújo. "O amor é o inventor da música", diz ele no início.

> É a imagem da rosa, balançada pelo zéfiro matutino, despegando dos lábios embalsamado hálito que magnetiza os sentidos: turíbulo embalado pela natureza, saúda a luz e esparge o seu perfume: pontífice dos prados, eleva a Deus nuvem odorosa e o venera em mudo sacrifício (*Nitheroy* 1, p. 167).

Toda a natureza é uma orquestra que, em variadas escalas, reproduz harmonias diferentes nas fibras do homem sensível, escreve ele. Licurgo, Platão, Ulisses, velho Egito, Termas de Nero, Palatino, Rousseau, há um interminável desfile de erudição e de menções, até chegar, na página 173, ao que seria um aprofundamento "Sobre a música no Brasil".

Mas ainda divaga sobre a música como expressão da nacionalidade. O espanhol de caráter cavalheiresco, brilhante de imaginação, produz música para dançar; o francês, ligeiro de imaginação ardente; o alemão, tardo e pensador, produz uma matemática musical. Vai tecendo um texto com pouca informação concreta. Como ao afirmar, na página 179, que "O caráter da música brasileira é e será melodioso, porque a língua e a origem de um povo cheio de imaginação o ordenam". A música baiana é o lundu e a mineira a modinha. O lundu é voluptuoso em excesso, melódico; e a modinha é mais grave. "Tudo é doce na Bahia, o terreno produz açúcar e começa-se chorando com o ardor da malagueta". Cita, a seguir, o catarinense João Francisco de Oliveira Coutinho, Marcos, Gabriel, o tenor, Pedro Teixeira, Francisco Manoel, e José Maurício, o Mozart fluminense.[11]

Manuel Araújo termina o ensaio com uma elegia a José Maurício: "Imortal serás; por ti, correndo o mundo e girando na sociedade, tuas obras te aviventam dia a dia, até que a

---

11 Chama atenção esse tom casual de Manuel de Araújo. Marcos é o músico da corte Marcos Portugal, e José Maurício é o padre José Mauricio Nunes Garcia, perfilado por Manuel Araújo em um dos trabalhos que analisamos no capítulo anterior. E a expressão "Mozart fluminense" será repetida outra vez, na *Iconografia Brasileira*. O compositor catarinense João Francisco de Sousa Coutinho nasceu no Desterro, hoje Florianópolis, em 1804. De origem portuguesa, foi deputado provincial em quase uma dezena de legislaturas, vice-presidente de Santa Catarina, cargo que exercia quando morreu em 1869. Já o tenor Gabriel, como saber que papel exerceu? Como já foi dito no capítulo anterior, esse desleixo a respeito de informações concretas é uma das marcas que seguirão Porto-Alegre por muito tempo.

Europa te ouça e o mundo te aplauda".[12] Segue a assinatura: M. de Araújo Porto-Alegre.

A página seguinte da revista, a de 184, abre o último texto deste primeiro número. Sob a retranca de "Bibliografia", Gonçalves de Magalhães publica uma resenha da obra *Voyage Pittoresque et Historique au Brésil*, publicada por J.B. Debret. São cinco páginas de uma recensão descritiva e laudatória: "Esta obra onde o filósofo, o naturalista, o político, o pintor, o cosmógrafo deparam com que saciar sua avidez, é o resultado de 16 anos no Brasil e o fruto de sérios e contínuos estudos". A obra de Debret, esclarece o resenhista, sai com seus primeiros dois volumes. O primeiro dedicado ao índio, seus instrumentos, indumentárias; o segundo, aos habitantes do Brasil, seus usos e costumes. O terceiro, ainda inédito, tratará das festas nacionais, das datas importantes, dos personagens ilustres. "Esperamos sua aparição para dar ao público notícia de sua matéria", conclui. O primeiro número da *Nitheroy* chega a seu fim – 188 páginas.

Revista Nitheroy - Análise do número 2

A capa repete exatamente a do número 1, com a diferença de que aqui o número é o 2 [figura 2]. Este segundo número tem uma quantidade maior de páginas do que o primeiro, que terminou na página 188. Este chegará até a 262, com a informação sobre o fechamento da publicação. E mais quatro páginas adicionais, duas com as correções de erros do número 1 e do número 2; e a terceira com um poema em francês, datado

---

12 Essa é outra constante de Araújo Porto-Alegre: o padrão europeu (melhor se for francês) é que serve de medida para avaliar o que é bom ou não.

em Fontainebleau em 16 de maio de 1836, e a última capa, em branco. Soma ao todo 266 páginas.

O número 2 da revista abre com um prefácio escrito em francês, assinado por Eugène de Monglave, o secretário perpétuo do Instituto Histórico de Paris. "O século marcha célere enquanto discutimos. Felizes os que se podem mover entre essas revoluções que aglomeram, empurram, provocam cambalhotas. A mente mais enciclopédica não consegue se equilibrar. As vicissitudes de uma só semana equivalem a três lustres de outrora. E não são os acontecimentos mais extraordinários que venho comentar. Mas o fato de que alguns jovens brasileiros, nascidos em diferentes lugares daquele imenso império, lançando mão de quase toda a ciência de nossas fontes fecundas, se reuniram e se propuseram: em vez de gastar tolamente em prazeres fugitivos, por que não publicar, a cada mês, em nossa língua nativa, uma obra que enviaríamos à nossa pátria do outro lado do oceano?"

A seguir, o secretário perpétuo faz uma rápida análise da edição anterior: "A primeira entrega da *Revista Brasiliense* se compõe de uma introdução e de seis artigos". E segue comentando um a um os artigos do número inaugural. Presta uma pequena homenagem a Manuel de Araújo e a Gonçalves Magalhães: "Porto-Alegre está para as belas artes como Gonçalves Magalhães está para a poesia, ou, melhor dizendo, os dois são igualmente artistas, igualmente poetas, os dois falam igualmente ao querer e ao espírito".

Finaliza Eugène de Monglave sua apresentação (na página 8) com o comentário:

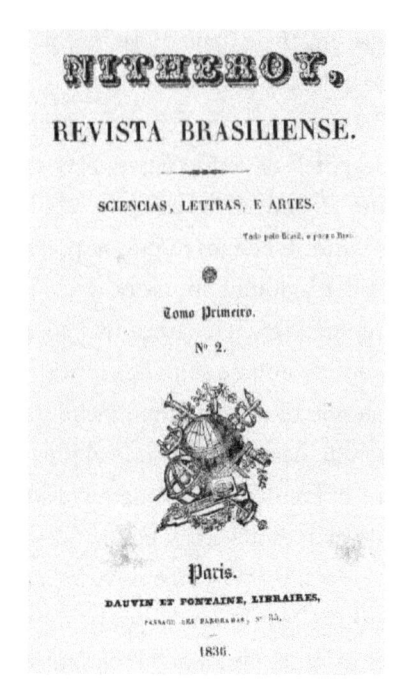

Figura 2. Capa do número 2 de *Nitheroy, Revista brasiliense*.

Dos quatro redatores deste primeiro exemplar, três pertencem ao Instituto Histórico: os senhores Torres Homem, Gonçalves Magalhães e Araújo Porto-Alegre. Estamos orgulhosos de suas escolhas. Eles estenderão, para além-mar, a influência de um ideal que deve dar a volta ao mundo. E isso já acontece com essa *Revista Brasiliense*, mais que esperanças, ela demonstra um saber completo e variado. Isso não é algo tão comum como se pensa, num século que se proclama modestamente como o regenerador por excelência.[13]

---

13 A tradução do francês é da lavra deste escriba.

A página 9 abre o sumário de assuntos deste número 2, iniciando com um artigo, que se estenderá até a página 38, sobre "Filosofia da Religião. E sua relação com a moral e sua missão social", assinado por Gonçalves Magalhães. É um trabalho de mais fôlego (trinta páginas) que seus dois artigos publicados no primeiro número. Esse texto põe em diálogo as ideias do teólogo alemão Gotfried Herder (1744-1803) e de sua interpretação por intelectuais franceses como Madame de Staël e Victor Cousin (1792-1867). Herder é precursor de uma filosofia da história, e suas ideias também perpassam os textos de Porto-Alegre publicados pela revista, como o "Ideias sobre a Música", e o de João Manuel Pereira da Silva, autor do ensaio "Estudos sobre a Literatura". Victor Cousin teve muita vigência no pensamento filosófico no Brasil do Segundo Império, pela introdução de sua *História da Filosofia*, em três volumes, nos círculos intelectuais da época. Citaremos apenas um parágrafo desse texto sobre "Filosofia da Religião":

> As hordas de salteadores que infestam as estradas da Itália mais temem o aspecto de um destacamento que as persegue do que todo o horror do inferno e os raios impotentes do Vaticano. Em nenhuma parte do mundo impediu a religião que Neros e Calígulas fossem tiranos. Mas ela, e só ela, tem inspirado grandes coisas, nutrido grandes virtudes e armado o povo contra seus opressores (*Nitheroy* 2, p. 18).

As páginas de 39 a 87 são ocupadas por um tratado sobre "Física Industrial: Das caldeiras empregadas na fabricação do açúcar", 49 páginas sobre tipos de caldeiras e máquinas a vapor, discorrendo sobre as vantagens dos diferentes modelos e concepções de caldeiras. O trabalho é enriquecido com desenhos e diagramas [figura 3], além de uma tabela. E é assinado por D'Azeredo Coutinho. Segue-se um outro tratado "Química, Da destilação", que se estende da página 88 até a 130. O artigo, de A. de S. Lima de Itaparica, abre com o comentário de que "A fabricação da aguardente, como um dos ramos mais consideráveis da indústria brasileira, merece que dela nos ocupemos com tanto maior afinco quantas são as vantagens, que promete seu melhoramento progressivo, até tocar o ponto de perfeição, de que se acha ainda distante".

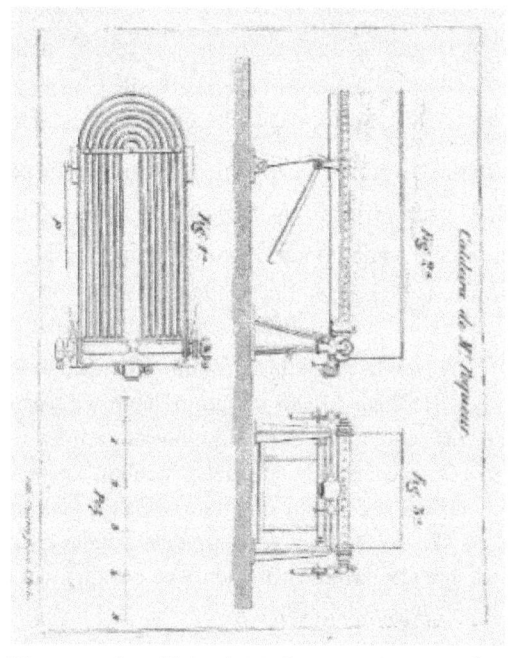

Figura 3. *Diagrama da caldeira de M. Pecqueur.* Apresentada na vertical, na página 63.

A partir daí discorre sobre a destilação; o melaço; o fermento; a fermentação; a água; a preparação da garapa ou vinho de mel. Um trecho interessante é aquele em que o autor exemplifica as suas teorias, na página 102:

Basta para comprovar o que dissemos lançar uma vista d'olhos sobre o que se passa nos diferentes climas do nosso Globo; e por esta simples observação veremos que tanto nas ardentes areias do Egito, como nos frígidos gelos da Groelândia: os cadáveres se conservam indefinidamente inalteráveis; de sorte que a falta de umidade no primeiro, e a de calor no segundo, produzem idênticos efeitos. E a prova são esses cadáveres humanos, a que chamamos múmias, conservados há tantos séculos; como igualmente esses animais encontrados inteiros enterrados nos gelos da Sibéria, de cujas espécies não há mais vestígios sobre a terra.

Nas páginas 131 a 137 segue-se um pequeno artigo (sete páginas), "Ideia de uma Sociedade Promotora de educação industrial", assinado por Silvestre Pinheiro Ferreira.[14] Trata-se de uma sugestão com recomendações para a criação de uma escola técnica na Bahia.

Outro artigo também de pequenas dimensões (onze páginas) ocupa as páginas 138 a 148, retomando o tema da fabricação de açúcar. "Considerações sobre a descoberta feita por Antonio Saint-Valéry Seheult de um novo sistema de fabricar açúcar", escrito por C. A. Taunay.[15] Torres Homem volta a enriquecer as

---
14 Sobre os autores desses artigos: Silvestre Pinheiro Ferreira (1769-1846), filósofo e político português, acompanhou a família real na fuga para o Brasil e aqui viveu de 1810 a 1821, voltando com a Corte para Portugal. Foi ministro da Guerra e dos Negócios Estrangeiros. Desenvolveu no Brasil boa parte de sua obra. Já Antônio de Sousa Lima, conhecido como "de Itaparica", também português, lutou ao lado dos brasileiros, na época da Independência, contra o desembarque de soldados portugueses que tentavam ocupar a Bahia em outubro de 1822. Azeredo Coutinho, pela ocorrência de tantos personagens com este sobrenome, não arriscamos identificar.
15 Carlos Augusto Taunay nasceu na França em 1791. Filho do pintor Nicolas Antoine Taunay, se mudou para o Rio de Janeiro em 1816. Era responsável pela gestão do sítio de sua família, que cultivava café, e se

páginas da revista com seu artigo "Comércio do Brasil" à luz da lei de Alfândega aprovada pela Câmara Francesa. Esse trabalho ocupa as páginas 149 a 160. Como em suas dissertações do primeiro número de *Nitheroy*, Torres Homem mostra seu preparo superior para textos analíticos, recheados com dados:

> O valor total da exportação da França para o Brasil pode ser estimado em 27.000.000 de francos, e o da importação é de 20.000.000. Ora, comparadas as condições do Brasil e da França com a pequena elevação destas cifras, resulta o fato lastimável de que os exorbitantes direitos que as tarifas francesas lançam sobre a entrada dos produtos do Brasil, hão reduzido o comércio entre as duas nações a menos do décimo do que naturalmente seria se, por ventura, os portos da França fossem livremente abertos aos dois principais artigos da nossa agricultura: o café e o açúcar. O Brasil, por sua parte, de nenhum modo contribuiu para resultado tal; a responsabilidade de semelhante estado de coisas não lhe pode caber em proporção alguma *(Nitheroy* 2, p. 150).

Começa na página 161 o relato "Contornos de Nápoles, fragmentos das notas de viagem de um artista", que seguirá até a página 212 (52 páginas) alternando descrições e observações de uma visita do então estudante de pintura e desenho Manuel de Araújo às grutas de Posilipo, ou a Gruta do Cão e as estufas de São Germano, nos arredores de Nápoles, com longas refle-

---

dedicou a escrever artigos em jornais e revistas cariocas sobre esse assunto. Editou em 1839 um *Manual do Agricultor Brasileiro*, pela Tipografia Imperial e Constitucional de J. Villeneuve, sucessor de Pierre Plancher que criou o *Jornal do Commercio*, o mais antigo jornal ainda em circulação na América Latina. Carlos Augusto faleceu em 1867 no Rio de Janeiro. A editora Companhia das Letras relançou esse manual do agricultor brasileiro em 2001.

xões sobre leituras, mitologias e informações diversas sobre a história antiga. É um texto que prima não pela atualidade ou precisão das descrições dos lugares visitados, mas pelas nostálgicas reminiscências de um passado não vivenciado pelo autor mas que, *a priori*, foi inapelavelmente muito mais grandioso.

Esse longo texto dá uma boa amostra das características que marcarão futuros trabalhos de Manuel de Araújo: a mescla da observação de fatos e cenários atuais com referências abundantes à cultura clássica, com um forte toque esnobe, como se verá na nota final escrita por ele neste texto. A narrativa é interrompida por um canto, "Sobre as ruinas de Cumas", que ocupará as 30 páginas finais desses "fragmentos das notas de viagem". Nesse poema, ganham voz o horizonte, Circe,[16] o oceano, uma coluna dórica, o rouxinol, a costa da Gaeta, a ilha Pandataria (atual Ventotene), uma gaivota e a ilha de Pithecusa, o mais antigo assentamento grego na península da Itália, além do impávido Vesúvio. Em meio a essa polifonia de dialogantes inusitados, circulam Nero, Agripina, Tibério, Flávia, Aquiles, entre outros personagens.[17]

> Pálpebras minhas, lívidas de pranto,
> Deixai a triste inércia, que vos pesa,
> Deixai que os olhos meus livres se estendam

---

16 Na mitologia grega, Circe era uma feiticeira, especialista em venenos, encantamentos, sonhos precognitivos, maldições, vinganças, magia negra, bruxaria. Essa feiticeira poderosa é um personagem da Odisseia.

17 Cumas foi a primeira colônia grega fundada por volta do ano 750 antes da Era Cristã, na Campânia, a uns 20 Km de Nápoles. A cidade viria a fundar suas próprias colônias, como Zancle (a moderna Messina) e Nápoles, 150 anos depois. Nápoles quer dizer nova cidade. Esse poema "Voz da natureza sobre as ruínas de Cumas" parece ter sido uma referência para Porto-Alegre, que o cita em seus apontamentos biográficos, como visto acima, no capítulo 2.

No sangrento horizonte, que m'estreita.
Lavai lágrimas minhas,
O funesto painel, que se me antolha
N'estes mal esboroados monumentos,
Relíquias colossais do augusto império,
Que outrora o Palatino sustentava;
Limitado embrião depois crescendo
O flagelo tornou-se do Universo!

A nota final colocada pelo autor é uma prova do que se disse sobre o desfile de erudição tão ao gosto de Manuel de Araújo, influência de Monte Alverne. Consta na página 213:

> Aqueles que não estiverem senhores da história antiga, da idade média e da moderna encontrarão algumas dificuldades lendo este extrato de nossa viagem: omitimos notas, porque elas se acham no corpo da obra. Por exemplo, sobre a costa e as ilhas do mar Tirreno, dissemos o que conhecemos destes sítios na descrição da viagem de Roma a Nápoles. Algumas expressões talvez se encontrem, pode ser, em desuso, mas elas são filhas de nossas impressões; e além disso, vemos a natureza como artista, e não como gramático *(Nitheroy* 2, p. 213).[18]

Sobre esse comentário voltaremos no capítulo final, o das "considerações finais". Após esse texto de Porto-Alegre, o segundo número da revista *Nitheroy* abre espaço, da página 214 até 243, sob a retranca "Estudos", para o ensaio "Sobre a Literatura", de J. M. Pereira da Silva,[19] um jovem estudante de direito vi-

---
18 Essa "nota de rodapé" será analisada com mais profundidade no capítulo 8 deste trabalho, "Para quem escreve o escritor? A discussão sobre o leitor do futuro": o das "considerações finais".
19 João Manuel Pereira da Silva (1817-1898) nasceu no Rio, de abastada família portuguesa. Estudou Direito em Paris, formando-se em 1838.

vendo em Paris. Ou seja, trinta páginas de texto, o que pode ser considerado do tamanho regular para os padrões da publicação. Assim inicia Pereira da Silva o seu minucioso ensaio.

> A literatura é sempre a expressão da civilização; ambas caminham em paralelo: a civilização, consistindo no desenvolvimento da sociedade e do indivíduo, fatos necessariamente unidos e reproduzindo-se ao mesmo tempo, não pode deixar de ser guiada pelos esforços das letras; uma não se desenvolve sem a outra, ambas se erguem e caem ao mesmo tempo. Quanto mais se espalha o gosto e a independência da Literatura numa nação, mais ela floresce e medra.

Ele afirma, na página 217, que o "Brasil conta hoje bastantes literatos profundos, porém eles têm-se tão somente contentado (com algumas exceções) em estudar e saber, e não têm se dignado a escrever". Não se esforçando, assim, para elevar a seu auge a ciência da escrita, aliás tão útil e proveitosa para todas as classes da sociedade.

Discorre a seguir sobre as literaturas hebraica e egípcia, entre as mais antigas do mundo, embora "poucas noções sobre elas chegaram até nós". Menciona a literatura chinesa, "que segue a mesma marcha". A seguir fala sobre a literatura grega e romana: "Em quase todas as nações, o ritmo harmonioso do verso antecipou o frio período da prosa, a voz melódica das

---

De volta ao Brasil, tornou-se literato, destacando-se pelos folhetins de ambientação histórica publicados pelo *Jornal do Commercio*. Foi um dos fundadores, com Pedro de Alcântara Bellegarde e Josino do Nascimento Silva, da *Revista Nacional e Estrangeira*, que circulou entre 1839 e 1841. João Manuel tinha apenas 19 anos quando escreveu esse alentado ensaio, o que mais explicita o tema do romantismo em *Nitheroy*.

paixões fez ouvir seus acentos cadenciados antes da linguagem austera da razão".

A grandeza, a invenção e o brilhantismo grego acham--se em Homero, famoso criador do poema épico, que de tal jeito extasia seus contemporâneos, com a beldade de suas guerreiras, de seus desenhos fogosos, que com entusiasmo ecoam seus versos nas aulas públicas, nas ruas e praças, a bordo das barcas, sobre o cume das colunas, e nas risonhas planícies. Sem esquecer de Píndaro, poeta popular, celebrando os jogos olímpicos e a carreira dos carros; nos delirantes esboços de Sapho e Anacreonte (*Nitheroy* 2, p. 221).

Com essa mesma leveza, o jovem escritor percorre a Idade Média: "A base eslava do Império solapa uma grande convulsão no edifício inteiro, e pressagia a destruição". Digno de nota é que o autor se refira a Maomé e ao Islã:

> Dois homens de gênio tentam levantar uma nova civilização, Maomé no Oriente, e Carlos Magno no Ocidente, fundam dois grandes impérios. [...] Os árabes foram os primeiros povos, entre os quais reluziu o crepúsculo da civilização moderna; possuindo monarcas amantes do progresso, as letras e as artes reinaram em Damasco e em Bagdá; Abderraman, sendo forçado por causa de intrigas civis, escolhe a Espanha para seu novo império, a ela transportando a ilustração de seu país natal. Funda escolas em Sevilha, Granada e Córdoba, que se tornam em pouco tempo os focos da ciência, que em breve se dilaceram, por que o momento de sua reorganização ainda não era chegado, por que os costumes ainda não estavam fixados. Crimes, mortes, envenenamentos preenchem as

páginas da história de dez séculos da vida da humanidade *(Nitheroy* 2, p. 231-232).

Os árabes foram expulsos pelos cristãos, mas os benefícios da civilização, que criaram na Espanha, permanecem, afirma João Manuel Pereira da Silva. "Foi a poesia semi árabe que inspirou Dante, o maior gênio dos modernos, foram suas engenhosas e pomposas ficções que eletrizaram mais tarde Ariosto e Tasso" *(Nitheroy* 2, p. 234). A seguir, ele resume o "Estado presente das letras" e se concentra em citar os nomes de literatos que inflam o novo movimento do romantismo:

> A poesia é considerada no nosso século como o representante dos povos, como uma arte moral, que muito influi sobre a civilização, a sociabilidade e os costumes; sua importância na prática das virtudes, seus esforços a favor da liberdade e da glória lhe marcam um lugar elevado entre as artes, que honram uma nação. No começo de nosso século a poesia romântica levantou seu estandarte vitorioso em toda a Europa; a Franca, a Itália, que até então tinham-se lançado nos braços de uma poesia imitativa, contentes quebraram o jugo que lhes pesava. Honras sejam dadas aos primeiros atletas do Romantismo nestas nações, a Chateaubriand, B. Constant, Madame de Staël, Lamartine, Victor Hugo, Manzoni, Foscolo, Pellico! Louvores também a Schiller, Byron, Walter-Scott, Goethe, Bulwer, Cooper, Martinez de la Rosa, e Garrett,[20] que nas suas diferen-

---

20 O autor se refere a João Baptista da Silva Leitão de Almeida Garrett (1799-1854), escritor e dramaturgo português, uma das maiores figuras do romantismo em Portugal. Niccolò Ugo Foscolo (1778-1827): poeta e escritor italiano. Silvio Pellico (1789-1854): escritor e dramaturgo italiano, seguidor de Foscolo, ambos identificados com o romantismo. Alessandro Francesco Tommaso Manzoni (1785-1873), autor do conhe-

tes pátrias constantemente gritaram pela liberdade e emancipação do Gênio! Assim está hoje o horizonte da poesia *(Nitheroy* 2, p. 237).

A última parte da revista apresenta (páginas 244 a 261), sob a rubrica "Bibliografia", a recensão de quatro obras: os livros *A Liberdade das Repúblicas,* de autoria do deputado Montezuma; *Suspiros Poéticos e Saudades,* de Gonçalves de Magalhães; *Ensaio sobre o Fabrico de Açúcar,* de Miguel Calmou Du Pin e Almeida,[21] e *Belas Artes,* um curto comentário da tela "Família Imperial em seu gabinete de estudo no momento em que escuta a lição de um dos seus professores", de autoria de Felix Emilio Taunay.[22]

Na página 261, e continuando na seguinte, com o título de "Observação final", uma espécie de "nota de falecimento".

---

cido *I Promessi Sposi* (Os Noivos). Edward Bulwer-Lytton (1803-1873): romancista, poeta, dramaturgo e político inglês. Francisco de Paula Martínez de la Rosa Berdejo Gómez y Arroyo (1787-1862): político, poeta, dramaturgo espanhol, grande nome do romantismo.

21 O baiano Miguel Calmon du Pin e Almeida, marquês de Abrantes (1796-1865), político e diplomata, presidiu o conselho interino de governo da Bahia em 1823. Publicou obras sobre história, diplomacia, agricultura e ensino. Da elite formada em Coimbra, participou das lutas pela Independência da Bahia. Foi ministro da Fazenda e dos Negócios do Estrangeiro durante o reinado de Pedro I. Pertenceu ao Instituto Histórico e Geográfico Brasileiro, presidiu a Imperial Academia de Música e foi provedor da Santa Casa e presidente da Sociedade Auxiliadora da Indústria Nacional (1848-1865). Voltaremos a encontrá-lo no capítulo 6, no grande painel inacabado sobre a Coroação de Pedro II.

22 O francês Félix Émile Taunay (1795-1881) foi para o Rio em 1816, acompanhando o pai, primeiro diretor da Academia Imperial de Belas Artes-AIBA. Félix foi responsável pelo início da consolidação do ensino artístico no Brasil, segundo as normas idealizadas pelos artistas da Missão Francesa. Em 1854, foi substituído na direção da AIBA por Araújo Porto-Alegre.

Anunciamos ao público, com mágoa e pesar, que vai ser interrompida a publicação desta revista por motivos superiores e independentes dos seus redatores. Não podendo tão árdua tarefa ser sustentada por uma só pessoa, e tendo sido separadas aquelas que a esta empresa se votaram; impossível é o continuar. Esperamos, contudo, que no seio do nosso país, reunidos, se nada houver que se oponha a nosso ardente desejo de vermos o nosso país marchar na estrada da civilização e do progresso, que parece hoje obstruída, continuaremos a sacrificar os nossos estudos em proveito do país, sem esperança de outra recompensa que a satisfação de havermos lançado uma pedra para o edifício da nossa ilustração. Cumpre-nos aqui testemunhar os nossos agradecimentos ao senhor Manoel Moreira Neves, negociante brasileiro, pela maneira por que concorreu para a publicação desta obra.

Nota
Um grande número de erros tipográficos escaparam [sic] no primeiro número da Revista, e mesmo neste; note porém o leitor que sendo esta composta por obreiros estrangeiros, não habituados a compor em português, e devendo a revista aparecer em determinado tempo, não se podia empregar rigoroso e lento exame na correção das provas, que só um longo hábito e tempo pode obviar. Aqui damos a lista dos principais erros.

Seguem-se duas páginas. A primeira listando 30 erros de grafia ocorridos no número 1. A segunda página elenca 23 erros de grafia deste segundo número, entre eles uma fórmula matemática.

Algumas considerações sobre *Nitheroy*

Ao realizar a pesquisa sobre a contribuição das revistas na formação da identidade brasileira no século XIX, entre os anos de 2003 e 2007, foram necessárias mais de uma dezena de visitas à Biblioteca Nacional no Rio de Janeiro. Como a leitura se dava por meio de rolos de microfilmes; com apenas cinco mesas disponíveis, havia a exigência de estar entre os primeiros investigadores a chegar, para garantir o dia de trabalho. Ao realizar a presente análise da *Nitheroy*, uma década depois, as condições da pesquisa se alteraram de modo notável. Tive a possibilidade de realizar leituras online de diversas publicações digitalizadas. Nesse período a abordagem não apenas dessa publicação de 1836, mas de outros aspectos da produção de Porto-Alegre tiveram expressivo incremento. Não apenas entre diversas dissertações de mestrado e teses de doutorado em Letras, mas em História e em Filosofia. É uma boa notícia: há quase dez anos não existia essa produção.

Ao compulsar essas teses e dissertações, encontra-se nos trabalhos, muitas vezes, uma leitura demasiado otimista por parte dos autores, em busca de respostas mais do que de perguntas. São atribuídas aos editores da revista, o trio de "estudantes" já mencionado, intenções e teses de que dificilmente eles teriam consciência e alcance. O artigo de Domingos José Gonçalves de Magalhães, "Ensaio sobre a história da literatura do Brasil", como já comentado, etéreo e de costura incerta, é elevado à categoria de "manifesto", quase comparado ao prefácio de Victor Hugo a seu *Cromwell (Do grotesco e do sublime)*. Apenas com muito boa vontade se pode fazer tal aproximação.

Alguns exemplos dessas leituras podem ser encontrados, em trechos da dissertação de Pedro Ivo C. Teixeirense, "O jogo das tradições. A ideia de Brasil nas páginas da revista *Nitheroy*", defendida no Programa de Pós-Graduação em História do Instituto de Ciências Humanas da Universidade de Brasília, em 2006. E na tese de doutorado de Marcelo de Mello Rangel, *Poesia, história e economia política nos Suspiros Poéticos e Saudades e na Revista Niterói. Os primeiros Românticos e a civilização do Império do Brasil*, defendida no programa de História Social da Cultura da PUC carioca em 2011. Teixeirense realizou uma competente leitura da revista, criando no final de seu texto um quadro com os artigos e autores, cotejando quantos textos cada autor escreveu, numa boa amostra de anotação de leitura. Citações extraídas de seu trabalho:

> O manifesto publicado por Gonçalves de Magalhães, bem como o próprio movimento romântico, deve ser entendido em uma dimensão histórica e não apenas em função das análises literárias sobre tais objetos. No entanto, a crítica, ao consagrar o ensaio de Magalhães como o Manifesto romântico brasileiro, constituiu uma ideia que se vem cristalizando na estrutura periodizada da nossa literatura [...] É essa percepção, de que às transformações operadas no campo político corresponderiam mudanças iguais no campo cultural, que lança as bases do projeto da revista *Nitheroy* e, de certa forma, do incipiente movimento romântico brasileiro. Segundo Antonio Candido, ainda que fiquem indicadas certas linhas consideradas pré-românticas, expressas nas vagas e contraditórias manifestações da Sociedade Filomática, na nostalgia de Borges de Barros ou ainda no cristianismo lírico de Monte Alverne, só se pode falar de renovação cultural, de literatura nova, a partir do grupo da *Nitheroy* (Teixeirense, 2006, p. 42 e 44).

Já Marcelo de Mello Rangel se aprofundou na análise da melancolia romântica em *Suspiros Poéticos e Saudades* (cap. 1); na literatura e civilização na revista *Nitheroy* (Gonçalves Magalhães: a civilização pela literatura; Araújo Porto-Alegre: a

literatura como catarse – cap. 2); e Torres Homem: Considera-
-ções sobre a Escravatura (cap. 3).

Compreendemos que Gonçalves de Magalhães, Torres Homem e Porto-Alegre pretendiam civilizar os homens e mulheres da boa sociedade, e isto através da literatura. Seu projeto civilizador fiava-se em duas estratégias complementares, a saber, 1) pretendiam seduzir seus leitores provocando-os a experimentar, através da literatura, o sentimento da finitude humana e a medida da eternidade, ou ainda a fé no Deus cristão, e isto com o objetivo de fazê-los dedicar suas vidas ao cristianismo e ao "amor à pátria"; e 2) disponibilizar lições objetivas fundamentais à produção de riqueza junto à natureza, o que chamavam de "lições úteis" (Rangel, 2011, p. 19).

Como já sinalizamos ao longo da análise e de citações pontuais dos 20 artigos dos 9 colaboradores, essa leitura de propostas tão claras e determinadas, de civilizar pela leitura ou de buscar a catarse pela literatura ou pela música é uma visão no mínimo anacrônica. Afinal, Freud iria nascer duas décadas depois da revista *Nitheroy* (em 6 de maio de 1856).

Tem razão Ivo Carneiro Teixeirense: "A crítica, ao consagrar o ensaio de Magalhães como o Manifesto romântico brasileiro, constituiu uma ideia que se vem cristalizando na estrutura periodizada da nossa literatura". Vale lembrar o comentário crítico de Soares Amora em seu livro *A Literatura Brasileira 2*:

> O Romantismo:
> Com justiça e exatidão pode-se dizer que a *Niterói* foi a coroa de louros dos seus jovens realizadores, pois pouca coisa se escreveu, no decênio de 1830, acerca dos principais problemas da realidade brasileira, como os artigos de

economia política de Torres Homem, de Azeredo Coutinho ou de Silvestre Pinheiro Ferreira; como os artigos de história literária de Magalhães e Pereira da Silva; e como o artigo de história da música, de Porto-Alegre. E não importa que a revista, justamente por seu alto nível, tenha pairado acima da capacidade intelectual de nosso grande público e dos imediatos interesses de um Brasil ainda ronceiro e politiqueiro. O que importa é que no meio intelectual da Corte e das províncias mais desenvolvidas ela difundiu ideias e, com isso, logrou dinamizar espíritos para o movimento de renovação da cultura brasileira, em que ela esteve empenhada (Amora, 1977, p. 104).

No entanto, referir-se aos quase toscos ensaios de Magalhães e de Porto-Alegre como "Manifesto" é adoçar demais a pílula. Tentativa que, como diz o mestre Ivo Carneiro, se cristalizou a periodização de nossa literatura: pré-românticos ainda com forte viés classicista, certamente não tinham a visão tão delineada que lhes atribuem.

5. Artes cênicas
A produção dramatúrgica e uma pausa breve

O catálogo *Teatro Completo de Araújo Porto-Alegre*, editado em dois volumes pelo Ministério da Cultura, Inacen/Uni-Rio/INL (tomo I, 1988)[1] e pelo Ministério da Cultura/Funarte (tomo II, 1997),[2] reuniu no primeiro volume as obras inéditas do autor, encontradas até então em manuscritos. O segundo volume reuniu os textos que já se encontravam editados, com a omissão do *Prólogo Dramático*.

Assim, as peças *Os Lobisomens*, de 1862 (comédia em três atos); *Os Lavernos*, de 1863 (comédia em três atos); *D. Sebastião*, provavelmente de 1859 (ópera cômica, em dois atos); *Cenas de Penafiel*, também provavelmente do mesmo 1859 (comédia em um ato); e *A Noite de São João*, de 1857 (ópera lírica em três atos) compõem o primeiro livro. Enquanto as peças *Angélica e Firmino*, de 1845 (comédia em cinco atos); *A Estátua Amazônica*, de 1851 (comédia arqueológica em três atos); *Os Voluntários da Pátria*, de 1877 (drama em três atos); e

---

1 Durante o Governo José Sarney, sendo ministro da Cultura Celso Furtado e presidente do Instituto de Artes Cênicas (Inacen) Carlos Miranda.
2 Governo de Fernando Henrique Cardoso, ministro da Cultura Francisco Weffort, e presidente da Funarte (Fundação Nacional de Arte) Marcio de Souza.

O Prestígio da Lei, de 1859 (drama lírico em três atos) ocupam o segundo tomo. Era prevista a inclusão de *O Prólogo Dramático*, de 1837,[3] "no caso de se encontrar sua primeira edição". Mas *O Prólogo Dramático* não compôs o segundo volume, mesmo que a primeira edição, publicada no mesmo 1837 pela Typ. Imparcial de Francisco de Paula Brito, esteja à disposição em bibliotecas especializadas e, hoje, online em cópias digitais no acervo de grandes universidades, de Stanford à Biblioteca Brasiliana Guita e José Mindlin, da Universidade de São Paulo.

Estão desaparecidos, ou há apenas fragmentos, diversos textos teatrais de Araújo Porto-Alegre, como *A Restauração de Pernambuco*, de 1852 (ópera lírica);[4] *Judas*, de 1858; *A Escrava*, de 1863; *O Rei dos Mendigos*, de 1866; *Os Toltecas*, cujos fragmentos se encontram no Instituto Histórico e Geográfico Brasileiro; *Os Ourives* (drama sebastianista); *Os Traidores*; *As*

---

3 O texto dos dois volumes do catálogo *Teatro Completo de Araújo Porto-Alegre*, do Ministério da Cultura, é muito descuidado. *O Prólogo Dramático* é datado de 1857, na página 1 (que na realidade é a página 13) quando de fato a peça lírica é de 1837. O descuido com número de páginas e ano de edição é geral. Na página 2 (que na realidade é a 14) todas as citações de número de páginas seguintes em que aparecem as obras estão errados. Todas. Na página 25 do mesmo 1° volume, a peça *Os Lobisomens* é datada de 1962, um século de diferença, embora erro comum de digitação, mas falha de revisão.

4 Drama lírico do qual um fragmento foi estreado pelo tenor verdiano Enrico Tamberlick (1820-1899) no Teatro Fluminense em 27 de novembro de 1856 no Rio de Janeiro, segundo informa o site da Academia Rio-grandense de Letras (http://arl.org.br/index.php/patronos/52-manuel-de-arau-jo-Porto-Alegre, acessado em 6 de fevereiro de 2016. Segundo o primeiro volume do Teatro Completo de Araújo Porto-Alegre, foram encontradas duas cópias em italiano de A Restauração de Pernambuco na Biblioteca Nacional (Cafezeiro, Edwaldo, e Guerra, Renata: Teatro Completo de Araújo Porto-Alegre. Rio de Janeiro: Inacen, 1988, pág. 1).

Barras de Ouro; *O Sapateiro Politicão*; *O Dinheiro é Saúde*; *A Véspera dos Guararapes* (cena lírica); e *O Espião de Bonaparte*.[5] É uma produção digna de atenção, mesmo sendo muito pouco conhecida. Vamos nos deter em algumas dessas peças, com uma pausa breve. O interesse é entender o real papel do dramaturgo gaúcho na construção de um teatro ligado ao romantismo no Brasil. A pausa é para comentar o "teatro numa poltrona", quer dizer, o teatro como leitura ou como literatura, não como encenação.

O texto de teatro como leitura e literatura

As reflexões para a escritura deste capítulo levaram a uma viagem longa ao passado. Até uma manhã do começo de 1962, quando cursava o segundo ano do curso ginasial no Seminário dos Sagrados Corações, em São José dos Pinhais (PR). O dia ali no internato era dividido em períodos de estudos (preparação individual para aulas, realização de tarefas de matemática, geografia, história, tradução de textos de latim, grego e francês), períodos de recreação (jogos de mesa ou de campo, dependendo da duração do recreio), aulas e atividades físicas (trabalho de plantar, carpir ou colher nas hortas). Tinha o costume de ler, durante os "estudos", além dos manuais escolares, pequenos livros da coleção de meu irmão mais velho, José Rubens da Costa. Eu os escondia embaixo do compêndio escolar ou dos cadernos e, quando o padre que realizava a vigilância das salas se distanciava, tirava o livrinho debaixo e o colocava sobre o livro de texto, iniciando minhas viagens pelo mundo da

---

5   O texto introdutório deste *Teatro Completo de Araújo Porto-Alegre*, do Ministério da Cultura, não cita a obra *O Tutor de Parati*, relacionada por Porto-Alegre em seus *Apontamentos Biográficos* de 1858.

ficção. Essa reflexão traz à consciência a influência exercida pelo irmão mais velho, já falecido, e dos muitos livros lidos de sua pequena coleção particular (outra influência dele herdada: sempre que possível, preferi comprar os exemplares e tê-los à disposição, do que alugar ou emprestar nas bibliotecas).

Um desses livros desfrutados às escondidas teve sua leitura abruptamente interrompida. O padre diretor, Álvaro Pérez de la Cámara, fazia a ronda e, vindo por trás, me flagrou com um livro e o recolheu. *O Pimpinela Escarlate*, da Baronesa Emma Orczy,[6] ficou como uma leitura inacabada, como a sinfonia de Schubert. Era justamente uma peça teatral. E o próprio seminário tinha na biblioteca razoável acervo de obras teatrais, com marcada presença de autores espanhóis (Lope de Vega, García Lorca, Calderón, meu preferido), mas com boa oferta de autores como Tennessee Williams, Eugene O'Neill (a leitura de *Longa Jornada Noite Adentro* foi um marco), algo de Ibsen ou de Georges Bernanos (*Diálogos das Carmelitas*).

Agora, ao preparar esse ensaio sobre o teatro de Porto-Alegre, algumas dessas leituras voltaram à memória. O elemento detonador dessas lembranças foi o estranhamento com o tamanho das falas de algumas das peças teatrais de Manuel de Araújo. Que ator seria capaz, mesmo com o auxílio do ponto, de memorizar trechos tão longos? São muitos os exemplos dessa fartura textual na obra de Araújo Porto-Alegre, mas podemos ficar com apenas duas, *Angélica e Firmino* (comédia em cinco atos, de 1845) e *A Estátua Amazônica* (comédia arqueológi-

---

6 A escritora e artista plástica britânica Baronesa Emma Magdolna Rozália Mária Jozefa Borbála "Emmuska" Orczy de Orczi (1865-1947), nobre nascida na Hungria, se tornou famosa pela série de aventuras com o *Pimpinela Escarlate*, obra teatral publicada em 1903.

ca escrita em 1848 e publicada em 1851 pela Typographia de Francisco de Paula Brito). Ambas serão analisadas mais detidamente neste capítulo.

Angélica e Firmino[7] inicia a primeira cena do Ato I com uma fala de Firmino ao abrir a janela: são 47 linhas com 507 palavras, num total de 2.926 caracteres. Exige fôlego para o rapaz comentar "Que formoso luar! Como é límpida a atmosfera dos trópicos! Como brilha o Cruzeiro do Sul entre essas miríadas de sóis que iluminam o trono do Senhor, e como tudo na terra se prepara para embalsamar o coração no mais suave perfume!". O rapaz discorre ainda sobre o Equador, o rio Amazonas, garantindo a vitória do talento sobre a mediocridade, além de mencionar os brios da mocidade, qual fênix a reavivar esperanças. Fala que é interrompida, para descanso do exausto personagem, pela chegada da tia. Na cena seguinte, em sua segunda intervenção na peça, Angélica tem 16 linhas de texto para declarar sua antipatia com o *Werther*, de Goethe. Na cena 3 do Ato III, Cândida enfrenta uma fala de 35 linhas. Na cena 5 desse mesmo ato, o personagem Gustavo discorre sobre o vício da jogatina em 26 linhas.

Não é um caso isolado. Na cena 10 do Ato III, a dramática fala de Firmino ocupa 75 linhas, com 698 palavras num total de 4.046 caracteres. Um trecho:

---

7   A mais popular e conhecida peça de Manuel de Araújo, *Angélica e Firmino* foi encenada pelo famoso ator e empresário João Caetano dos Santos nas comemorações do 7 de setembro de 1861, no lugar de *O Jesuíta*, de José de Alencar, por causa de um desentendimento entre o ator e o romancista cearense, conforme informa Décio de Almeida Prado no livro *João Caetano* (1972: 175). A peça *Angélica e Firmino* está à venda no formato eBook Kindle, por R$ 4,50, no site da Amazon Brasil.

Com que sou eu o anjo exterminador que paira sobre a cumeeira desta casa! O Satanás que sopra no teto hospitaleiro a perturbação e a desgraça! A víbora que envenena o néctar do santuário doméstico! O abutre que espicaça o coração de seus benfeitores! O vampiro funesto que inocula a peste invisível de uma pústula infernal?! Ah, meu Deus! Dois abismos terríveis, dois vulcões se abrem a meus lados. Mas que espectros de fogo são estes que se apoderam de minha mente e de meu coração? Que mar de chamas, que tempestade infernal ferve, me abrasa e parece que me engole?! Ouço o canto das harpias, o ulular das fúrias e vejo o braço do Averno[8] salpicando os céus e a terra com as trevas do caos. Tudo é escuridão! (Porto-Alegre, 1997, p. 76)

Ainda é pouco. Na cena 1 do Ato V, novamente Firmino precisa de fôlego para dar conta das 96 linhas com 1.056 palavras ou 6.149 caracteres de sua intervenção.

[Firmino] (Acabando de encaixotar os seus livros e pronto para mudar-se de casa. Olhando ternamente para os objetos) – Tudo está pronto, e amanhã este lugar de contemplação, este templo do estudo e da poesia será profanado pelas orgias, pelas gargalhadas satânicas que o vício desatará entre o fumo e os licores. Está consumada a obra da hipocrisia, da covarde hipocrisia, da víbora que me envenenou e sumiu-se por entre os espinhos! [...][9] O que tem a cólera, a vaidade, a ambição, o amor, a felicidade, a desgraça, as paixões todas, de diferente do vulcão, do cataclismo, do meteoro que passa, do astro

8   Palavra muito utilizada por Manuel de Araújo, "Averno" significa inferno. Refere-se a um lago vulcânico da Campânia (região de cinco províncias no sul da Itália, uma delas Nápoles, que é a capital). Na Antiguidade esse lago era considerado uma das entradas do inferno.
9   Esse corte na citação da fala representa 873 palavras ou 5.103 caracteres.

que se abalroa e despedaça outro astro, das estações, esse círculo variado da existência universal e de todas essas revoluções que se agitam no espaço?! Umas se operam num corpo, que chamamos homem; as outras num corpo que chamamos astro. Eu e o planeta percorremos duas órbitas: a minha no infinito das ideias, a dele no infinito do espaço; a minha é curta, a dele é longa. Filhas das mesmas leis, param quando o dedo de Deus lhes acena do alto: "Basta!" (Porto-Alegre, 1997, p. 102).

Interpretar uma peça com tantas falas longas exige muito jogo de cintura, convertendo-se em uma verdadeira maratona para um ator. Em suas produções da maturidade, Manuel de Araújo conterá um pouco esses arroubos – apenas um pouco. Assim, em duas peças escritas durante sua estadia como cônsul em Dresden, *Os Lobisomens* (1862) e *Os Lavernos* (1863), são poucas as falas que ultrapassam cinco linhas, salvo quando o autor introduz na fala poemas mais longos.

Mas analisemos outra obra da primeira fase: a comédia arqueológica *A Estátua Amazônica* (será analisada adiante, dado seu interesse no contexto da obra de Manuel de Araújo). Se a peça tem diálogos não tão longos como *Angélica e Firmino*, as falas são recheadas, prenhes de informações sobre mitologia, peças de antiquário, história antiga, línguas e idiomas imaginários. Seria outro *tour de force* para qualquer ator.

Assim, na Cena 2 do Ato I de *A Estátua Amazônica*, o Conde enfrenta uma fala de 230 palavras com 1.394 caracteres, discorrendo sobre suas conjeturas. Uma amostra:

[...] Uma civilização antiquíssima – ausência do ferro, ácidos corrosivos substituindo o cinzel, e todo o Egito e toda a Ásia aniquilando-se diante desta nova luz! Eu vejo frotas nos mares, vejo uma emigração no estreito de Bering, vejo essas tribos adustas espalhando-se por toda a América, afastarem-se do seu antigo berço, renascerem com uma nova teogonia, com novos sons, com novos usos e formando uma nova espécie... Vejo Babilônia e o Japão disputando-se, e vejo o tártaro Mongol triunfando como o primogênito da perfectibilidade humana. Olhe para a forma do crâneo dessa estátua, veja-lhe esses pômulos, e essas mandíbulas, de perfil; estude esse ângulo facial, essa postura; veja a expressão e o olhar desses olhos, e diga-me se não há aí uma grande revelação, e alguns pontos para por eles se traçar um magnífico círculo de ideias luminosas (Porto-Alegre, 1997, p. 133).

Na cena 3 do Ato III o Marquês de Baratre é premiado com uma fala de 432 palavras com 2.322 caracteres. Mas é salvo por uma das poucas marcações do autor. Afinal, o texto é para ser "lido", não tanto para ser encenado.

Em seu artigo "Uma leitura d'*O Marinheiro*, de Fernando Pessoa", a professora Renata Soares Junqueira, da Unesp de Araraquara, comenta que a proposta de uma escrita teatral ficou truncada no projeto do poeta português. Seu *Fausto* permaneceu inconcluso e *O Marinheiro* ("drama extático") despertou em muitos críticos a impressão aparente de ser mais destinado à leitura declamatória do que à encenação num palco (Junqueira, 2006).

Já outra pesquisadora, Beatriz Moreira Anselmo, no ensaio "A palavra em cena do teatro simbolista", afirma que

> Em se tratando do teatro simbolista que aparece no final do século XIX, nota-se o desapego a essas convenções dramáticas, a fim de guiar o teatro a novos caminhos. Poucos não foram os críticos que, levados pela poeticidade do texto dramático simbolista, tacharam-no de teatro

próprio para a leitura e, portanto, inapropriado para a encenação (Anselmo, 2010, p. 34).

Escrever dramaturgia como literatura não deve ser algo para nos surpreender, comenta João Roberto Faria. Ele cita o caso específico de Alfred de Musset (1810-1857), poeta e dramaturgo francês, um dos grandes expoentes do romantismo em seu país. Depois do fracasso estrondoso da encenação de uma de suas primeiras peças, *Noite Veneziana*,[10] que teve apenas duas apresentações no L'Odéon, nas noites de 1º e 3 de dezembro de 1830, recebendo verdadeiro massacre de público e da crítica, Musset decidiu apenas escrever teatro para publicar e ser lido, criando a expressão "Le théâtre dans un fauteuil", ou seja, o teatro para ser lido na poltrona, sem levar em conta as convenções do palco. A partir de 1834, Musset criou uma grife: "Un spectacle dans un fauteuil", espécie de fascículos em que lançava sua dramaturgia sem preocupação com a encenação.

Na tese "Da palavra ao silêncio: o teatro simbolista de Maurice Maeterlinck", apresentada ao Programa de Pós-Graduação em Língua e Literatura Francesa, do Departamento de Letras Modernas da FFLCH da Universidade de São Paulo em 2006, a pesquisadora Lara Biasoli Moler desenvolve esse conceito do teatro para ser lido. Escreve ela:

---
10 Comédia considerada muito poética para ser encenada em um palco. Esta é a razão por que, mesmo depois de Musset ser reconhecido como um dramaturgo de sucesso garantido, após a recepção triunfal ocorrida em 1847 pela peça *Um Capricho*, suas obras continuaram na geladeira. A discutida *Lorenzaccio* só foi encenada em 1896, 39 anos após sua morte, 62 anos após a publicação. Essa encenação do drama romântico em 5 atos, escrita por Musset em 1834, a partir de uma ideia sugerida por George Sand (Amandine Aurore Lucile Dupin), ocorreu por iniciativa da grande Sarah Bernhardt, que a estreou no Théâtre de la Renaissance, em Paris. Sarah interpretava o papel de Lorenzo.

Na verdade, os próprios simbolistas de fins do século XIX foram responsáveis por essa perspectiva do teatro ao defenderem a controversa superioridade da leitura à *mise en scène*, ou seja, a tese de que a imaginação do leitor sempre sobrepujaria qualquer encenação material de um texto. De fato, trata-se de uma quase tradição que se situa entre o "théâtre dans un fauteuil", de Alfred de Musset, e a "immortalité de la brochure", de Stéphane Mallarmé (Moler, 2006, p. 13).

As dificuldades técnicas apresentadas pelos textos de Musset (transição de tempo e de cenários inexequíveis para a carpintaria e cenografia teatral da época e até para as condições de teatro hoje) eram notáveis. Talvez pelas possibilidades da montagem, que, como insistia Sergei Eisenstein (Xavier, 1983), é a alma do cinema, poderíamos pensar em Musset como um precursor de roteiros cinematográficos. E, na rabeira, poder-se-ia encaixar aí também alguns dos textos dramatúrgicos de Araújo de Porto-Alegre. Voltemos ao trabalho da doutora Lara Biasoli Moler:

> Pesquisando a origem e a definição de "teatro numa poltrona", encontram-se duas acepções possíveis: uma vinculada à não intenção propositada de realização cênica, outra a uma inexequibilidade resultante de determinados aspectos do próprio texto, como as hipérboles românticas de dramas grandiosos, com setenta personagens e infindas trocas de cenários que inviabilizavam a concretização cênica (Moler, 2006, p. 100).

Patrice Pavis, em seu *Dicionário de Teatro* (2008: 392) considera Sêneca como o primeiro autor de um "teatro para ler", mas ressalta que é no século XIX, precisamente no período romântico, que esse gênero ganha força, citando Hugo, Musset, Shelley e Byron, comentando que naquele período inúmeros dramas foram considerados imponentes demais para serem levados ao palco. Ou seja, Manuel de Araújo esteve em boa companhia.

O *Prólogo Dramático* e *A Estátua Amazônica*

O *Prologo Dramático* é a primeira e a mais curta das criações de Manuel de Araújo Porto-Alegre para o teatro. Acabava de voltar de seu périplo de estudos pela Europa e estabelece uma parceria virtuosa com o mais respeitado e conceituado ator daqueles dias, João Caetano dos Santos, e com um músico de alta estima nos círculos da Corte, Cândido Inácio da Silva (1800-1838).[11] O dia escolhido para a estreia não poderia ter sido melhor: "No faustíssimo dia Dous de Dezembro de 1837", o Theatro Constitucional Fluminense abria as portas para a comemoração em grande gala do 12º aniversário de Pedro II, o futuro imperador. Vejamos a cobertura dada pelos jornais da Corte para esses festejos.

O sábado dia 2 de dezembro de 1837 foi um dia em que a cidade do Rio de Janeiro viveu um momento de festa. O jornal *Diário do Rio de Janeiro*, então sob responsabilidade de Nicolau Lobo Viana, abre a primeira de suas quatro páginas com a comemoração ao "Festejado natalício de Sua Majestade

---

11 Cândido Inácio da Silva (seu nome apareceu grafado erradamente, como Cândido José, na página de rosto da publicação original, da Tipografia Imparcial de Francisco de Paula Brito, sendo criada uma errata para isso) foi poeta, compositor, violinista e cantor, aluno do consagrado Padre José Maurício. Fundou com Francisco Manuel da Silva a Sociedade de Beneficência Musical, em 1833. Considerado o maior modinheiro de sua geração, e apelidado de "Schubert brasileiro", por Mário de Andrade, algumas de suas modinhas e lundus, como *Lá no Largo da Sé Velha* e *Busco a Campina Serena*, estão disponíveis no YouTube. Também compôs obras de cunho religioso e óperas.

Imperial, o Senhor D. Pedro 2°", publicando duas odes que ocupam duas colunas e meia da primeira página.

Ainda em sua fase de "Jornal do Vintém", em que publicava anúncios de fuga de escravos, preço dos mantimentos, avisos de "precisa-se" ou "se oferecem", o periódico não se aprofunda nas festividades, nem faz, nos dias seguintes, alguma crítica teatral, algo que começará a se tornar pauta de diários e semanários somente duas décadas mais tarde. Mas um anúncio da segunda página do *Diário* dá uma pista: "Se alguma pessoa que alugasse o Theatro Fluminense, camarote para os dias 2, 8, e 4, quiser vender, com algum lucro, alguma destas noites, participe na rua das Marrecas n° 10". O programa do dia 2, este mesmo sábado, é a estreia da obra *Prólogo Dramático*.

Dias depois, na seção "Obras publicadas", o jornal dará notícia de um comentário sobre o *Prólogo Dramático* publicado no periódico *A Mulher do Simplício*, número 57 – número que infelizmente não consta da hemeroteca da Biblioteca Nacional. Nesse dia 2 de dezembro os anúncios contemplam desde o "Desapareceu, na chácara da Saúde, no dia 8 de novembro uma pavoa, quem a levar à dita chácara, ou der notícia de onde se encontra, receberá o valor da mesma". Ou, na seção "Roubos", o aviso de que "No dia 28 do mês passado, furtaram da casa da rua do Conde n° 166, uma boceta de tartaruga, tendo no tampo retrato de Vênus e Cupido, este oferecendo um pombo; o Cupido está alguma cousa defeituoso. Quem a achar queira levar ao endereço acima que será bem recompensado".

Já o tradicional *Jornal do Commercio* não noticiou a homenagem no dia 2, mas na segunda e terça seguintes, dias 4 e 5 de dezembro, abriu espaço nas primeiras páginas:

O duodécimo aniversário natalício de S. M. o Imperador foi celebrado anteontem com os festejos do estilo que, como o havíamos anunciado, tiveram lugar de tarde. Sua Majestade Imperial partiu da quinta da Boa Vista às 3 horas e 3/4, e chegou às 4 ao Rocio da Cidade Nova, onde parou para fazer muda, e onde foi recebido com vivas aclamações do imenso concurso que ansioso o esperava. Partiu dali o préstito que se compunha de uma carruagem a seis, trazendo o porteiro imperial da Câmara e o padre mestre frei Pedro. Seguia um piquete da cavalaria, seis moços da estribeira, e logo depois o magnífico coche, todo guarnecido de prata, em que vinha S. M. I. acompanhado pelos Exms. Regente, Tutor e o Mordomo Mor. Vinha então o esquadrão de cavalaria comandado pelo tenente coronel Gusmão, que precedia outro coche que, como o primeiro, era puxado a oito cavalos, guarnecidos de ricos arreios de imitação de ouro, e no qual se achavam SS. AA. acompanhadas de suas damas e escoltadas por um piquete de cavalaria. Tanto esse coche como o de S. M. são de uma riqueza e elegância extraordinárias, e asseguram-nos que se empregaram na sua confecção mais de quatro mil onças de prata. [...] O préstito partiu do Rocio com alguma velocidade por serem os cavalos novos. Ao chegar à rua de S. Pedro, S. M. foi recebido com o maior entusiasmo: quatro anjinhos que ali o esperavam lançaram flores sobre os coches imperiais, e dez meninos vestidos de branco com fitas verdes deram a liberdade a pombos que eles seguravam entre os braços. A rua de S. Pedro achava-se ornada com o maior esplendor. [...] S. M. e AA. II.[12] foram recebidas no paço da cidade pelos Exms. Ministros de estado e pela corte. Depois de assistir ao *Te Deum*, S. M. recebeu as continências da guarda nacional, e seguiu-se então o

---

12 S.M. e AA.II.: abreviações de Sua Majestade e as Altezas Imperiais. S.M.B., abreviação de Sua Majestade Britânica.

cortejo do corpo diplomático e dos estrangeiros de distinção que já tinham sido apresentados à corte. O Sr. Hamilton Hamilton, ministro de S. M. B., na qualidade de decano do corpo diplomático, recitou em francês um discurso análogo à circunstância, ao qual S. M. se dignou responder na mesma língua. Foi então readmitido o Sr. De Lomonozof, encarregado de negócios da Rússia, o qual teve a honra de apresentar a S. M. algumas pessoas distintas de seu país. Seguiu-se depois o cortejo dos cidadãos brasileiros, que se apresentaram em grande número e com o maior luzimento. [...] Às 8 horas e meia S. M. I. e a augusta princesa a Senhora D. Francisca foram ao teatro fluminense onde os esperava a mais brilhante reunião, e onde foram saudados com os vivas do estilo. Depois do hino nacional, seguiu-se a representação de um prólogo dramático composto pelo Sr. Porto-Alegre, e da peça mágica que acabou a 1 hora da noite.

No dia seguinte, 5 de dezembro de 1837, o *Jornal do Commercio* voltava ao tema com redobrado entusiasmo, sinal de que a repercussão fora das melhores. É um longo texto, 1.217 palavras, 7.375 caracteres. A seguir, apenas três trechos:

> De novo raiou um dos mais belos dias do Brasil; de novo a alegria e as esperanças de um povo inteiro vieram mesclar-se às recordações de glória que o haviam embalado no seu berço e que pareciam tê-lo abandonado: o entusiasmo hoje renasce e abre as páginas de um porvir brilhante, superior a todos os desejos, a todas as esperanças, a todos os sonhos e a todas as ilusões. [...]
> Se alguma coisa existe de grande, de sublime e de maravilhoso, é sem dúvida o júbilo que tão eloquentemente exprime um povo, é esta firme resolução que ele patenteia de querer saudar o aniversário daquele em quem depositou suas esperanças, e de seguir doravante a carreira

da verdadeira e bem entendida liberdade, com aquela mesma coragem, nobreza e entusiasmo que o haviam acompanhado durante a conquista de seus direitos de independência, através das feridas, dos dias sem repouso e das noites sem sono. [...] Como descrever a alegria que em todos os semblantes reverberava, o prazer que interiormente possuía toda a população desta nobre capital? [...] O Theatro Constitucional Fluminense estava preparado para uma esplêndida representação: a corte toda ali se achava, e S. M. assistiu com toda atenção ao espetáculo. Começou-se com um *Prólogo Dramático* do Sr. Araújo Porto-Alegre, artista bem conhecido desta capital. A ideia é toda nova e original. [...] Satã e os seus satélites prepararam no inferno todas as seduções que podem, para iludir o Brasil, e precipitá-lo no abismo: os quadros do mais brilhante futuro lhe são apresentados; as danças, os risos, e os prazeres são prodigalizados; mas o anjo da verdade velava sobre os destinos do jovem império, e, quando ele vai ceder às insinuações do gênio do mal, este aparece, dissipa a coorte infernal, e salva-o. [...] Este prólogo, que bem se pode chamar um *delírio de imaginação*, uma exaltação do espírito, causou um efeito extraordinário, e eletrizou os espectadores, não só pela novidade e pela extravagância da ação e pelas belas decorações, como também pelos excelentes e sublimes pensamentos que nele brilhavam, e que com toda evidência demonstram pertencer ao mesmo gênio criador daquele belo poemeto, intitulado – "A voz da natureza" – impresso no 2º nº da [*Nitheroy*] *Revista Braziliense* [...][13]

Seguiu-se o drama mágico que já por dez vezes tem sido representado, e cujo sucesso vai progressivamente aumentando, e que tem por título "O gênio do bem". Este

---

13 A referência à revista *Nitheroy* facilita identificar o autor do texto, J.M. Pereira da Silva. Esse texto será comentado por Justiniano José da Rocha em sua crítica à peça no *Chronista* de 13 de dezembro de 1837.

drama merece os aplausos do público, pelas grandes e ricas decorações, e pelas tramoias e cenários, tão habilmente executados. A tempestade, a metamorfose do palácio final, e diversas outras decorações são perfeitamente manejadas: entretanto não sabemos por que fatalidade as mágicas, que de ordinário correm com tanta perfeição, nesta noite pela maior parte falharam. João Caetano, Victor Porfírio e Estella[14] patentearam toda a escala de seus talentos, e à porfia lutaram em agradar a S. M. e ao público; o que dignamente conseguiram. A música do *Prólogo*, composta pelo Sr. Cândido Inácio da Silva, patenteia um talento forte, e uma brilhante imaginação; o choro do inferno, principalmente aproximando-se da maneira larga e vasta de Meyerbeer, muito agradou às pessoas apreciadoras das belezas musicais.

Ou seja, o *Prólogo Dramático* foi escrito por Manuel de Araújo, teve música composta pelo mestre Cândido Inácio da Silva e direção geral de João Caetano dos Santos, artista do Teatro Fluminense e diretor da companhia dramática, então com 29 anos (Manuel de Araújo tinha 32).

O programa da peça esclarece quem compõem o elenco, os "interlocutores":

Anjo da Verdade - João Caetano dos Santos
Brasil - José Romualdo
Satã - João Antonio da Costa
Folia - Estella Sezefreda
Com a participação dos gênios infernais, duas províncias e figuras alegóricas representando as ciências e as artes. Numa

---

14 A atriz Estella Sezefreda, companheira e depois esposa do ator João Caetano, com quem teve quatro filhas antes do casamento em 1845.

homenagem a S. M. o Senhor D. Pedro II, Imperador Constitucional do Brasil, que era o aniversariante do dia.

Como se disse, o *Prólogo Dramático* é um texto sóbrio, com apenas 2.157 palavras (total de 13.573 caracteres), que não apresenta grandes problemas de *mise en scène*. O enredo é talvez simples demais. O Brasil (interpretado por José Romualdo) é ainda uma criança. E como tal sofre assédio pelo Satã (João Antonio da Costa), que o incita ao vício e à devassidão, no que tem a colaboração ativa da Folia (vivida por Estella Sezefreda), além dos gênios infernais. A marcação inicial esclarece:

> A cena representa uma caverna no centro da terra que tem do lado direito um círculo, cujo solo é de lava ardente e dá ingresso a um palácio inflamado; à esquerda uma galeria fosfórica: no centro um rochedo escabroso sobre o qual Satã estará sentado, e à roda dezesseis diabos, 8 com trompas, e 8 cantores dançando e formando grupos com as figuras que representam os vícios do homem.

A proposta de Satanás é cooptar o jovem Brasil, e para isso usa da retórica e de sortilégios:

> Ambição, Egoísmo, e tu, Vaidade,
> Unidas co'a Ignorância, estes lugares
> Abandonai; trazei perante o trono
> Esse Jovem Brasil, que agora enceta
> A marcha das nações; venha a Folia.
> A turba presidindo, alta magia
> Suas vistas fascine; mil perfumes,
> Lisonjeiros festões a fronte lhe adornem,
> Que os moços no prazer sempre s'engolfam;
> O passado p'ra eles foi um sonho,

O futuro se antolha qual quimera,
No presente se firmam, isto lhes basta.

Na cena final, aparece o Anjo da Verdade (João Caetano), vestindo estolas com as letras P e II (pouco sutil referência ao aniversariante homenageado).[15] O Anjo da Verdade, em sua fugaz intervenção, vira o jogo e liberta o menino Brasil das invectivas de Satã. Termina assim sua peroração:

> Brasil, Brasil, é tua a eternidade,
> Serás grande e potente. Deus o ordena.
> Em vão tenta o Inferno em teu futuro
> O tóxico lançar d'atra discórdia.
> Mais um lustro e um ano espera ainda;
> Trata de conservar, seja isto um sonho,
> Uma leve lição. Ah não manchemos
> Este dia feliz em que nascerá
> Aquele que te aguarda um bom futuro;
> Não cubramos de dó terna esperança,
> Q'o porvir nos volteja em torno ao trono.
> [...]
> Cada dia como o de hoje
> Uma esp'rança em nós renasce;
> Mais um lustro e mais um ano
> Só almejamos que passe.
> Viva, pois, Pedro Segundo
> Do Brasil Imperador;
> Viva aquele que há de dar
> A si e ao povo esplendor.

---

15 Naquele 2 de dezembro de 1837 Pedro II comemorava 12 anos. Seria declarado maior aos 14 anos, em 23 de julho de 1840, com a coroação ocorrendo em 18 de julho de 1841.

Manuel de Araújo Porto-Alegre: um artista fora do foco   159

E assim termina o *Prólogo Dramático* [figura 1]. A celebração continuará com a apresentação da peça mágica *O Gênio do Bem*. Consta que no mesmo dia desta récita de gala no Theatro Constitucional Fluminense, pelo aniversário de D. Pedro II, foi executado o *Hino das Artes*, de autoria do já comentado Cândido Inácio da Silva. Mas o que chama a atenção é a pequena participação do grande ator João Caetano dos Santos, no papel do Anjo da Verdade. Pelo que se sabe de sua vaidade, ele deixou para o ator João Antonio da Costa, intérprete do Satã, o filé mignon do *Prólogo*. Vejamos: o Satã tem 15 falas, totalizando 6.861 caracteres. Já o Anjo da Verdade, além de aparecer apenas no final da Cena III, tem apenas duas falas, com 405 palavras, somando 2.297 caracteres. Parece muito pouco para o diretor da companhia dramática.

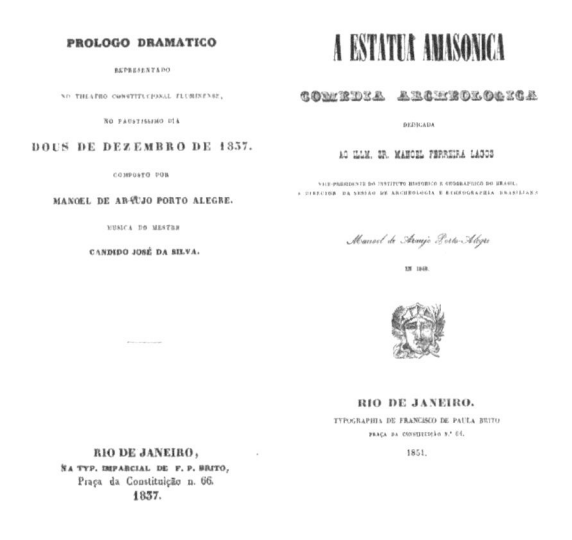

Figura 1 e 2: reprodução da capa do *Prólogo Dramático* e de *A Estátua Amazônica*, nas primeiras edições pela Tipografia de Francisco de Paula Brito. Nos créditos do *Prólogo*, o erro no nome do músico Candido Inácio de Silva (a errata está na página final, a 16). O crédito ao ator João Caetano dos Santos aparece na 2ª capa.

Antecedentes de *A Estátua Amazônica*: Brasil dos Viajantes

O aviso, comum em alguns filmes do cinema americano, de que "esta é uma obra baseada em fatos reais" poderia anteceder a peça *Estátua Amazônica*, de Manuel de Araújo. Nessa comédia arqueológica ele abordou, como uma alegoria com toque histriônico, um fato real. O imaginário sobre o Amazonas, suas riquezas em ouro guardadas pelas mulheres guerreiras, tem raízes na mitologia grega. Quando, entre 1541 e 1542, o explorador espanhol Francisco de Orellana (1490-1550) realizou a façanha da primeira navegação completa do rio Amazonas, desde os Andes peruanos até a foz no Oceano Atlântico, deu início a algumas fantasias. Dessa expedição veio a descrição de uma cidade de pedra habitada por mulheres guerreiras com templos dedicados ao Sol, repletos de imagens de ouro e prata. O relato foi escrito pelo dominicano padre Gaspar de Carvajal (1504-1584), que integrava o grupo e indicou como localização dessa riqueza perdida a foz do rio Jamundá, próximo ao rio Negro. Segundo ele, as mulheres eram altas e brancas, com longos cabelos. Andavam nuas, portando apenas arcos e flechas, vivendo em comunidades compostas apenas por mulheres, que não se casavam.

Muitos exploradores vieram ao Brasil em busca de cidades ou civilizações perdidas, entre eles o coronel inglês Percy Harrison Fawcett, que se embrenhou na selva em 1925 em companhia do filho Jack Fawcett e de um colega deste, Raleigh Rimmel. Nunca mais foram encontrados.[16] O fato é

---

16 A expedição de Percy Fawcett rendeu uma série de livros, entre eles uma pérola do jornalismo brasileiro, *O Esqueleto da Lagoa Verde*, de Antonio Callado, livro-reportagem publicado em 1953 – treze anos, portanto,

que a fantasia de uma civilização perdida atravessou séculos. Em 1745, o naturalista francês Charles-Marie La Condamine (1701-1774), participou de uma expedição científica que por quase uma década percorreu a América do Sul – tinha a missão de comprovar a teoria newtoniana do achatamento do globo terrestre nos polos. A excursão quase se desfez por disputas internas, mas em 1743 La Condamine se separa e refaz o caminho de Orellana. Foi o primeiro cientista a explorar a zona, levando para a Europa a primeira descrição científica da quina, árvore de onde se extrai o quinino, da seringueira e do curare, veneno utilizado pelos ameríndios em suas flechas. Baseado em relatos ouvidos, ele narrou o caso de um soldado francês que teria avistado pedras verdes – os muiraquitãs – no pescoço de índias. Seriam as "mulheres sem maridos"? Seu relato, vindo de um cientista, legitimava a velha fantasia, a da "autoridade do saber científico".

A Amazônia tornara-se a vitrine naturalista, sobretudo depois que a proibição da entrada de estrangeiros foi abolida após 1808. Se Alexander von Humboldt (1767-1859) não conseguiu visto de entrada do governo português quando visitou a América do Sul (sua viagem ocorreu entre 1789 e 1804), após a vinda da Família Real portuguesa as porteiras foram abertas, dando passagem a tantos viajantes, como Carl Friedrich von Martius (1794-1869) e seu colega Johann Baptiste von Spix (1781-1826), que durante os anos de 1817 e 1820 percorreram o vasto território nacional, mapeando sobretudo a flora brasileira. A eles se seguiu o polígrafo francês Auguste de Saint-Hilaire (1779-1853), que visitou os mais diversos pontos do Brasil, entre

---

antes do famoso *A Sangue Frio*, de Truman Capote, tido por muitos como o marco inicial do "new journalism".

1816 e 1822, publicando depois mais de 12 livros com suas descrições de cenas e costumes locais.[17] Mas foi Georg Heinrich von Langsdorff (1774-1852), alemão naturalizado russo, o mais dedicado dos viajantes a desbravar o Brasil central e a Amazônia. Havia estado primeiramente em Santa Catarina, numa expedição russa de volta ao mundo. Depois veio para o Rio como cônsul da Rússia (1813-1820), regressando dois anos depois como barão e embaixador. Fez diversas expedições de 1824 a 1829, embrenhando-se pelo interior do país navegando os rios, indo do interior de São Paulo (Porto Feliz) e seguindo pelo Tietê, subindo o Paraná, até chegar ao Amazonas. Teve como documentarista Johann Moritz Rugendas (a primeira viagem, terrestre, por Minas Gerais), depois Hercule Florence, no percurso fluvial. Sua expedição enfrentou surtos de febre, malária, naufrágio e afogamento (do artista Aimé-Adrien Taunay),[18] terminando com o ataque de demência de Langsdorff. Em 1829 o remanescente da expedição voltou de Belém do Pará para o Rio de Janeiro. Contrariando seu projeto de viver para sempre no Rio, o barão voltou para a Alemanha em abril de 1830, falecendo doze anos depois em Friburgo de Brisgau. Havia percorrido mais de 16.000 quilômetros e deixava no Brasil muitos descendentes dos 8 filhos (sete nascidos aqui) de dois casamentos.[19]

---

17 Alguns dos livros de Saint-Hilaire foram utilizados em minha tese de doutorado ao abordar o "olhar do outro" nos textos dos viajantes. Saint-Hilaire deixou uma visão bastante preconceituosa do matuto brasileiro (Costa, 2012).

18 Filho do pintor Nicolas-Antoine Taunay, Aimé-Adrien (1803-1828) veio ao Brasil ainda adolescente, acompanhando o pai, com quem aprendeu pintura. Foi levado pela correnteza do rio Guaporé, no Mato Grosso, quando tentava atravessá-lo a nado.

19 Atualmente na quinta geração, os descendentes do barão vivem hoje na Alemanha, na França e no Brasil. Estudo publicado pelo genealogista

Na década de 1840 nova descoberta traz ao debate o velho mito amazônico. Refazendo o caminho de Orellana e La Condamine, o explorador Francis de LaPorte (1810-1880), conhecido como Conde de Castelnau,[20] acreditou ter encontrado nova prova da existência da mítica sociedade. Depois de passar quatro anos percorrendo o interior do Brasil, entre 1843 e 1847, o aventureiro inglês naturalizado francês achou, na região de Barra do Rio Negro (atual Manaus), uma estátua de pedra, logo enviada para a França e exposta no Museu do Louvre, com outros objetos coletados. Apesar de raras (não se conhecem mais de 50 exemplares), outras estatuetas de pedra seriam encontradas na Amazônia, sobretudo a partir de 1870. Atribuídos, hoje, à cultura pré-cabralina denominada de Santarém, representam figuras de homens e animais. Mas a peça foi entendida por Castelnau como prova real da civilização das amazonas! Ele estava certo de que a estátua provinha da sociedade de mulheres guerreiras, como declarou à revista francesa *L'Illustration*.

Enquanto a estátua atraía visitantes no Louvre, o historiador Antonio Baena, do IHGB,[21] descartou as conclusões de Castelnau, considerando-a um trabalho de ficção: a peça, com formato de macaco, seria obra de um pedreiro, que a modelara

---

Francisco de Albuquerque dá notícia de cerca de 1.500 descendentes de Langsdorff no Brasil. Entre eles a modelo Luma de Oliveira e a atriz Isis de Oliveira.

20 François Louis Nompar de Caumont LaPorte, conde de Castelnau (1810-1880), inglês a serviço da França, cruzou a América do Sul com dois botânicos e um taxidermista entre 1843 e 1847. Foi cônsul da França em Salvador, em 1848.

21 Militar português baseado em Belém do Pará, Antonio Ladislau Monteiro Baena (1782-1850) aderiu à causa da Independência, fez carreira no exército. É autor de dois livros importantes para o conhecimento da Amazônia: *Compêndio das Eras da Província do Pará* e *Ensaio sobre a Província do Pará* (1839).

por volta do final do século XVIII. Tratar-se-ia, portanto, objeto de confecção recente, a que a fantasia atribuía um caráter arqueológico (Langer, 2008). Esse fascínio dos viajantes estrangeiros e seus relatos tocando o mito (no caso das guerreiras amazonas e das cidades perdidas em meio a ouro e pedras preciosas) era visto com ceticismo pelos intelectuais pátrios que fundaram em 1838 o Instituto Histórico e Geográfico Brasileiro. Esse assunto foi abordado por eles desde o início, com forte insistência de Manuel de Araújo no sentido de criar uma comissão exploradora. Mas apenas quase vinte anos depois foi constituída a Comissão Científica de Exploração[22] (1856-1861), que realizou um trabalho de monta, coletando informações e amostras que ainda hoje podem ser estudadas no Museu Nacional.[23] Nesse contexto é escrita A Estátua Amazônica.

A comédia arqueológica

Há uma certa ironia no fato de um acadêmico como Manuel de Araújo escrever uma peça teatral satirizando a própria academia. A comédia arqueológica pretende desmascarar a falsidade e os excessos do meio acadêmico, que não é substancialmente diferente nos dias de hoje. Muitas das sumidades do universo intelectual se valem de pesquisas realizadas por seus

---

22 Encarregado de examinar o caso, o poeta e indianista Gonçalves Dias elaborou uma erudita tese com 70 páginas dedicada ao assunto e publicada na *Revista do IHGB* em 1855.

23 Essa Comissão Científica de Exploração foi muito bem detalhada no artigo "Instruções de viagem para a investigação científica do território brasileiro", de Ermelinda M. Pataca e Rachel Pinheiro, publicada na *Revista da SBHC* (Sociedade Brasileira de História da Ciência), Rio de Janeiro, 2005, volume 3, número 1, p. 58-79. Como se sabe, as peças não podem mais ser vistas após o incêndio que destruiu o Museu Nacional no dia 2 de setembro de 2018.

discentes, colocam assinaturas em parcerias de que efetivamente não participaram, e muitas das vezes se rodeiam dos discípulos menos talentosos para seguir no mando. Ao ridicularizar a fala dos "sábios europeus" com seus excessos de empolada erudição, nosso autor faz lembrar um pouco o ditado do "roto criticando o esfarrapado". Como escrevem Edwaldo Cafezeiro e Renata Guerra:

> Porto-Alegre desenvolve uma série de cenas em que cada uma ridiculariza um tipo de discurso: as relações familiares do conde, a condessa e sua filha; do conde e seus colegas cientistas, todos interessados em tirar o maior proveito do prestígio da estátua. Assim é que, ora em sua casa, ora no gabinete de trabalho em arqueologia (onde só por cortesia é permitida a presença de mulheres), cada cientista é uma amostra de ridículas erudições, ao discutir antropologia, linguística, história, religiões, festas, a partir dos mais profundos conceitos de humanismo (Cafezeiro e Guerra, 1997, p. 13).

Defensor à ultrança da cultura francesa, Manuel de Araújo Porto-Alegre escreve na dedicatória da peça a Manuel Ferreira Lagos,[24] diretor da Seção de Arqueologia e Etnografia Brasiliana do IHGB:

---

24 O carioca Manoel Ferreira Lagos (1816- 1871) estudou na Faculdade de Medicina do Rio tendo feito brilhante curso, sem, contudo, obter o grau de doutor, por não ter escrito a tese. Diretor da seção de zoologia e anatomia comparada do Museu Nacional, bem como seu bibliotecário, fez parte da Comissão Científica de Exploração ao norte do Brasil, estudando em especial o Ceará, como chefe da seção de zoologia. Chefiou a representação brasileira na Primeira Exposição Universal de Paris em 1867. No IHGB, onde ingressou em 1839, como sócio efetivo, sucedeu o primeiro-secretário, o cônego Januário da Cunha Barbosa, tendo sido o redator da Revista.

Amigo e senhor, a leviandade da maior parte dos viajantes franceses e a superficialidade com que encaram as coisas que encontram na nossa pátria, unidas a um desejo insaciável de levar ao seu país novidades, têm sido a causa desses grandes depósitos de mentiras que se acham espalhados por muitos livros daquele povo, que as mais das vezes sacrifica a verdade às facécias do espírito e o retrato fiel dos usos e costumes de uma nação ao quadro fantástico de sua imaginação ardente, auxiliada livremente pela falta de conhecimento da língua e pela crença de que tudo o que não é França está na última escala da humanidade (Porto--Alegre in Cafezeiro e Guerra, 1997, p. 125).

Escrita em três atos, a comédia arqueológica é um texto de tamanho médio na produção de Porto-Alegre.[25] São dez personagens e criados: o Conde Sarcophagin de Saint-Crypte; Condessa Melania, sua esposa; Sacuntala, a filha; o Doutor Hypoget; o Marquês Baratre de Saint Pilon; o Barão de Colombaire; o Doutor Fóssil; o Visconde Bibletin de L'Arat; o Doutor Gamin; e o Doutor Stokfisch. A cena se passa em Paris no ano de 1842, na casa do conde, na rua do Badeaux.

O cenário do primeiro ato é a biblioteca a e o gabinete do rico antiquário. Paredes cobertas de medalhões, baixos relevos em bronze, estelas e inscrições, multidão de vasos e estatuetas, livros, um candeeiro medieval e uma cópia em gesso da Estátua Amazônica sobre um pedestal de jacarandá. Pela porta do gabinete, indica a rubrica, podem ser vistos na sala contígua quadros antigos e móveis de todas as idades.

---

25 Na edição do MEC/Funarte em que nos baseamos, *A Estátua Amazônica* ocupa 62 páginas; *Angélica e Firmino* tem 98 páginas e *Os Voluntários da Pátria*, 109 páginas.

Nas cinco cenas desse primeiro ato intervêm o conde, sua esposa, depois entra Sacuntala, a seguir um criado. Conversam sobre a satisfação de ter na biblioteca a réplica da estátua que é o "talk of the town" em Paris. "Aqui está ela! Para contemplá-la dia e noite com amor; para estudá-la com toda a severidade de um antiquário, seria necessária uma eternidade": com essa fala o conde Sarcophagin abre a comédia, dialogando com a condessa sobre a estátua. A condessa, cética; ele entusiasmado: "Esta estátua é a relíquia de um grande império".

A filha entra na Cena 2, somando-se ao entusiasmo do pai: "Aqui está ela, aqui está ela! Que coisa original! Como são felizes os sábios quando contemplam estas obras e lhes encontram belezas extraordinárias que eu ainda não posso apreciar!" Há uma discussão entre o conde e a condessa sobre distintas visões sobre a educação e o futuro da filha, que parece seguir mais a inspiração do pai – está aprendendo hebraico para ler os salmos na língua de David – enquanto a mãe afirma: "Quero uma filha para a sociedade em que vivemos, uma boa esposa e mãe, não uma preciosa ridícula, uma basbleu."[26]

O criado que entra na Cena 3 vem trazer uma carta de seu amo. Um pedido de desculpas de seu senhor, que não poderá comparecer à tertúlia. Na Cena 4, o conde lê a carta e ficamos sabendo que o ausente será o doutor Vranoff de Lunawich, ocupado com nova descoberta astronômica. O conde comenta sobre as encomendas de cópia da estátua, vindas dos mais diferentes lugares.

---

26 Bas-bleu, expressão também usada por Machado de Assis, que dizer mulher pretensiosa, com ares de literata.

E as cartas que aqui tenho do Duque de Raufftach, o maior antiquário da Prússia! E os pedidos de cópias que me faz o príncipe Polifemoff, o mais poderoso senhor moscovita de todas as Rússias; e as cartas de mel do senhor Amuletini, do doutor Hercolano di Pompei, e de Lord Bool, e do secretário da Academia da Noruega?

Ouvem-se ruídos, os convidados são pontuais, batem onze horas.

O Ato II se passa no gabinete arqueológico, onde estão o conde, a condessa e Sacuntala. Entram alegres o Doutor Gamin, o Marquês de Baratre de Saint-Pilon e o Doutor Hypoget. A seguir entram o Barão Cryptin de Colombaire e o visconde Bibletin de L'Arat. A discussão é sobre a peça encontrada e suas origens. São diálogos muito mais curtos do que o comentado acima, mas não têm agilidade alguma.

Como escreve o pesquisador da Universidade Federal da Paraíba, Johnni Langer:

> Inspirada no teatro de Martins Pena, principalmente pela crítica irônica ao modismo francês que reinava no meio erudito da época, a comédia brinca com o imaginário arqueológico do século XIX. Nela, os sábios europeus são descritos como verdadeiros dementes, presos a concepções absurdas e pré-concebidas e sem qualquer entendimento da realidade brasileira. Ao interpretar as origens da estátua amazônica, os personagens expõem as teorias mais mirabolantes sobre o passado do país, sugerindo sua ligação com fenícios, egípcios e cartagineses. O protagonista da história, conde Sarcophagin, é uma paródia clara de Castelnau, sendo apresentado como um visionário apto a conceber valores inexistentes a todo vestígio pré-histórico americano. No ato final da comédia, os personagens recebem um exemplar da *Revista do IHGB*, e descobrem

que a estátua não passava de uma falsificação. Com isso, revela-se o vazio e o exotismo infundado das suposições arqueológicas (Langer, online, 2008).

Medievalista com foco nos ritos e religiões escandinavos, Langer é muito generoso ao atribuir a Martins Pena a inspiração de Porto-Alegre. Este não mostra a agilidade daquele em suas comédias de enganos, que fazem lembrar o teatro de vaudeville que irá florescer meio século depois, com nomes de prestígio como Georges Feydeau (1862-1921). O ritmo de atropelo farsesco do teatro de Martins Pena está a quilômetros de distância das falas pesadas e esnobes de A *Estátua Amazônica*. Seria como comparar o galope de um cavalo com o caminhar de um hipopótamo.

Uma das discussões que se mantém na tertúlia em casa do Conde, além do significado da estátua, é sobre a origem do indígena brasileiro: teria sido superior a astecas e toltecas. Numa das falas, se diz que o antigo habitante da Amazônia teria origem egípcia – e sua ida para o México explicaria as pirâmides maias, entre outras bazófias. O anfitrião, Conde Sarcophagin de Saint-Crypte, que escreve um tratado sobre a Estátua, cuja introdução já soma quatro volumes, pontifica:

> Provarei que o Império do Brasil já teve uma civilização maior que a atual, uma civilização vernácula, espontânea, uma civilização materna, da qual descendem esses fragmentos informes achados no México e no resto da Costa do Pacífico. Tenho documentos e autoridades, que mandei extrair do arquivo de Simancas,[27] que farão

---

27 O Arquivo Geral de Simancas, criado em 1540 na cidade de mesmo nome, na província de Valladolid, foi o primeiro arquivo oficial do Reino de Castela. Ainda hoje é uma referência na conservação e custódia de documentos históricos.

calar os escritores; hei de dizer-lhes: "O que sabeis da América, e sobretudo do Brasil, é uma mentira (Porto-Alegre, 1997, p. 149).

Em outra vertente da discussão entre esses acadêmicos e especialistas, a origem do brasileiro primitivo seria grega, segundo garante o sábio pesquisador alemão Stokfisch, linguista e possuidor de uma biblioteca de 40 mil livros. Ele se gaba:

> Quem é dos senhores aquele que conhece a língua quíchua, a quíchua-aimará, a língua iroquesa, o dialeto esquimó e o patagônico? E qual é aquele que aprofundou filologicamente as línguas túpicas, caraíba e guarani? Qual é dos senhores aquele que as pôde comparar como eu, que há cinquenta e dois anos não faço outra coisa? (Porto-Alegre, 1997, p. 158).

É do alto dessa autoridade que Stokfisch decreta:

> Descendem dos gregos os atuais selvagens do Brasil. Resumirei as provas: *Tupan*, que significa o que é tudo, não é o mesmo que o grego to pan? *Oca*, não tem toda a semelhança com oicos, a casa; e *Oicó* não é o mesmo que oicó em grego, que significa residir, habitar?! *Cunhã* não se assemelha a guné, a mulher? (Porto-Alegre, 1997, p. 160).

O terceiro e último ato se passa durante o jantar a que todos foram convidados. A rubrica da peça segue o pedantismo peculiar do autor:

> Belíssima sala de jantar, ricamente ornada de aparadores, e de uma baixela esquisita; no meio da mesa estão três vasos etruscos, pintados ao uso italiano e grego; as paredes estão ornadas de lindíssimas pinturas, entre as

quais se distingue uma perfeitíssima cópia do quadro herculanesco, que representa a educação de Télefo.[28] Por toda a parte reina o gosto e a elegância francesa. Todos se sentam, exceto o Marquês, que se reclina na extremidade da mesa sobre um fofo divã, apoiando, como os antigos, o braço esquerdo em um riquíssimo coxim de tecido damasquino (Porto-Alegre, 1997, p. 166).

Como já antecipado na citação do historiador Johnni Langer, a chegada de um emissário com uma carta e um exemplar da *Revista do IHGB* coloca por terra toda essa feira de vaidades. Lembrando Shakespeare, a leitura dessa peça de Manuel de Araújo é "Much ado about nothing" – muito barulho por nada. Quase uma década antes (1844-1845) Porto-Alegre havia tratado esse mesmo tema em alguns de seus fascículos de *A Lanterna Mágica*, com menos pompa e melhor humor. Comentando o trabalho de Manuel de Araújo em *A Lanterna Mágica*, escreve João Roberto Faria:

> A estratégia usada por Porto-Alegre é singular. Se, por um lado, as mazelas da vida social brasileira apresentadas em *A Lanterna Mágica* resultam da observação direta do que acontecia no Rio de Janeiro, por outro, apenas dois tipos viverão as diferentes situações abordadas: Laverno e Belquior dos Passos. Como são personagens fictícios, o periódico adquire uma característica ímpar de hibridez, uma parte pertencente ao jornalismo, outra à literatura. Trata-se, pois, de algo novo, de uma ousadia extraordinária para a época: a junção de dois registros numa única obra (Faria, 2003, p. 175).

---

28 Na mitologia grega, Télefo é um personagem de capital importância no episódio da tomada de Troia. Já o quadro herculanesco é uma referência à cidade de Herculano, destruída pelo Vesúvio.

Mais adiante, Faria pontua:

> É preciso lembrar que o fascículo de A *Lanterna Mágica* em que Laverno aparece como naturalista foi publicado no início de 1845. A irritação de Porto-Alegre com os viajantes estrangeiros que ofereciam visões deturpadas do Brasil aos europeus vinha do ano anterior, quando, na revista *Minerva Brasiliense*, respondera com muita contundência a um artigo do jornalista francês Louis de Chavagnes, publicado pela prestigiosa *Revue des Deux Mondes*. Chavagnes, à semelhança de outros franceses que fizeram rápidas viagens por nosso país, abusou do sentimento de superioridade e dos preconceitos, afirmando levianamente, por exemplo, que os brasileiros eram indolentes. As bobagens ditas sobre o Brasil tiveram um reforço notável nessa época, quando o conde de Castelnau, em viagem "político-científica" pelo rio Negro, achou uma pedra que levou à França, expondo-a como uma estátua do tempo das amazonas que teriam habitado a região norte de nosso país. Porto-Alegre não deixou passar a oportunidade de mais uma vez exercitar sua capacidade satírica e, em 1848, escreveu a deliciosa "comédia antropológica", intitulada A *Estátua Amazônica*, mirando os falsos cientistas como havia feito em A *Lanterna Mágica* (Faria, 2003, p. 181-182).

A comédia pode até ser deliciosa, como escreve Faria, mas lembra o doce de jaca, ou a própria fruta. Impossível saboreá-la sem parcimônia. Mas vale destacar outra ousadia de Porto-Alegre, cometida na página 75 de A *Estátua Amazônica*, na edição original (ou na página 174 do tomo II do teatro completo). Lê-se neste bloco, de extração concretista *avant la lettre* [figura 2], a expressão "literatura fanqueira", o que na época seria "lojista de fazendas de linha de algodão, de lã, de linho etc."

```
                MARQUEZ BARATIIRE.
    Pois um poeta, que imprime obras, não conhece o estylo pilonico, os ver-
    sos do náos, do pronáos? Ah.    ah.    ah.
    Eis o fructo da litteratura fanqueira, eis o modernismo ! As Senhoras tem
    preferencia na escolha. Lá vai.
                    !                   !
                    O                   O
                  S O L               M A I
                  A L M A             I S I S
                  M I N H A           H O R U S
                  SAGRADA             OSIRIS
                  PRINCIPIO           GRANDES
                  MODERADOR           SPIRITOS
                  INTELLIGENCIA       CREADORES
                  DA MINHA ALMA       LIBERTAI-ME
                  DELICIA DE PHRE.    DO ATRO DO TYPHON.
              NINGUEM LEVANTA O VÉO QUE ME ENCOBRE
              SOU TUDO O QUE FOI O QUE É O QUE HADE SER.
    Isto lido nos proprios caracteres é de uma belleza de estylo inimitavel : no
    mundo actual só eu sou capaz de compor estes versos, porque só eu me te-
    nho identificado com o Egypto a este ponto. Que bella cousa : começa por
    um ponto de admiração ! o vate já está em extasis, e segue tomando a fórma
    e a força monumental, como essas massas eternas que tem feito a admiração
    dos povos. Agora, Conde, deveis pagar o vosso tributo, queremos uma nota
    de vossas harmonias.
```

Figura 2: Incursão concretista de Porto-Alegre em A Estátua Amazônica.

O pioneirismo de Porto-Alegre

Como escreve Thiani Januário Batista em sua dissertação "Amor, tradição e violência na dramaturgia brasileira: Leonor de Mendonça e Calabar, o elogio da traição", em sua maioria, a crítica teatral brasileira considera a peça *Antonio José ou o Poeta e a Inquisi*ção a "primeira obra romântica" do teatro brasileiro, quando anuncia a passagem da tragédia clássica a outra forma do gênero dramático, o drama histórico.

> Apesar da primazia do texto escrito de Gonçalves de Magalhães ser quase "inconteste", a precedência da encenação cabe, segundo Antônio Soares Amora, à peça denominada *Prólogo Dramático*, de Araújo Porto-Alegre, que abriu em 1837, conforme o historiador, caminho para a representação de outros textos do Romantismo nos palcos brasileiros. É válido assinalar que as duas peças foram encenadas pela primeira Companhia Dramática

Nacional, criada pelo ator João Caetano em 1833. De acordo com Amora, tal companhia brasileira constituiu, entre nós, o "primeiro passo" para a criação de um teatro nacional (Batista, 2011, p. 58).

É esse período que marca o nascimento do teatro brasileiro, segundo Soares Amora. "Definida a ideia de um movimento a favor da criação de um 'teatro nacional' brasileiro, conjugados nesse movimento os esforços de jovens escritores e artistas brasileiros, garantido o apoio do governo ao empreendimento, restava apenas subirem à cena as primeiras peças brasileiras", escreve Amora (1978: 107), citando a seguir o *Prólogo Dramático* (1837), de Porto-Alegre; *Antonio José* (1838), de Magalhães; e *O Juiz de Paz na Roça* (1838), de Martins Pena.

[...] O idealismo e a ação de João Caetano, Magalhães, Porto-Alegre e Martins Pena resultaram em ser para a literatura brasileira de inegável significação, pois que foi do empenho desses jovens que partimos para a criação de um teatro brasileiro, que acabou por ter, a partir de 1840, seus autores, seus atores, sua crítica, seu grande público e o seu Conservatório Dramático (Amora, 1977, p. 108).

Em seu livro *Ideias Teatrais, o Século XIX no Brasil*, João Roberto Faria irá identificar o início do verdadeiro teatro romântico nacional quase duas décadas depois. Na poesia e na prosa, escreve ele, o romantismo vestiu-se com as cores do país, segundo a expressão usada por Machado de Assis em seu artigo "Instinto de Nacionalidade". Mas no teatro, ou melhor, na literatura dramática, nossos autores não conseguiram tal proeza (Faria, 2001, p. 79).

O terreno propício para o drama romântico no Brasil era sem dúvida o drama histórico. O assunto nacional podia ser colocado em cena sem grandes dificuldades, como demonstrou Gonçalves de Magalhães – aceitemos seu ponto de vista – com sua obra *Antonio José*. Mas nem mesmo essa tendência foi seguida pelos dramaturgos que apareceram em seguida. Os assuntos históricos foram buscados preferencialmente no passado europeu. [...]. Ainda que não sejam dramas bem arquitetados, *Amador Bueno ou a Fidelidade Paulistana*, de Joaquim Norberto, encenada em 1846, e *Amador Bueno*, de Francisco Adolfo Varnhagen, publicado em Lisboa em 1847, realizam o ideal romântico de levar à cena o passado nacional (Faria, 2001, p. 80).

Pode-se fechar com um comentário de Thiani Januário Batista: "Ainda que alguns escritores buscassem construir textos dramáticos de cunho nacional, faltava-lhes o elemento principal para que essa forma dramática pudesse ser desenvolvida e realizada, conforme o 'ideal romântico de levar à cena o passado nacional'". Ou seja, faltava para que a literatura dramática se desenvolvesse um fato histórico de grande impacto, de um caráter memorável, capaz de fornecer subsídios aos escritores e, ao mesmo tempo, capaz de ser compreendido pelas plateias da época. Porto-Alegre não teve a envergadura para dar grande contribuição para isso. Preferiu mergulhar no projeto do poema *Colombo*, que lhe consumiu algumas décadas.

6. O artista visual
Caricaturista, pintor, aquarelista: a tela vale mais?

Foi a visão de uma litografia do franco-suíço Charles Simon Pradier (1786-1848) da pintura *Desembarque da Arquiduquesa Leopoldina*, de Jean-Baptiste Debret, que despertou em Manuel José o encanto pela pintura, como se escreveu no capítulo 2. A cena representa o momento do encontro entre Carolina Josefa Leopoldina de Habsburgo-Lorena (1797-1826), filha de Francisco I da Áustria, e D. Pedro, o futuro fundador do Império do Brasil [figuras 1 e 2]. Ela, de meio perfil, "está vestida de seda branca, manto lilás e ouro, diadema de plumas vermelhas. O príncipe real exibe trajes de gala, vestido à maneira oficial, com farda, calções e sapatos rasos, sendo esta uma das poucas imagens em que o vemos sem as tradicionais botas de cavalaria", como descreve a historiadora Elaine C. Dias (2011, online).

A obra visual de Araújo Porto-Alegre, informa o site do Instituto Moreira Salles, é bastante diversificada: ao mesmo tempo em que pintou retratos e cenas históricas, registrou com argúcia a flora brasileira e fez caricaturas impiedosas de seus desafetos. O acervo de Iconografia do IMS conta com um álbum em que estão reunidos poemas, cartas, desenhos de viagem e paisagens, tipos humanos e estudos de cenas mitológicas feitos pelo artista.

Mais do que um *skechtbook*, acredita-se que tal conjunto, totalizado em 59 itens, tenha sido agrupado em diferentes momentos da vida de Araújo Porto-Alegre: nele está registrada sua correspondência com pessoas ilustres da época, como o poeta português Almeida-Garrett, e contém ilustrações que mostram diversos pontos de interesse e experiências do artista, desde sua primeira viagem à Europa em companhia de Debret (entre 1831-1837) até suas investigações sobre a floresta brasileira entre as décadas 1850-1860 (IMS, online).

Figuras 1 e 2. *Desembarque da Arquiduquesa Leopoldina*. A tela original de Jean-Baptiste Debret e sua reprodução litográfica produzida por Charles Simon Pradier.

Se foi por causa da imagem do desembarque de Leopoldina que o gaúcho Manuel José quis estudar pintura com Debret e viajou para o Rio de Janeiro, o resto já se sabe. Porto-Alegre se preparou para ser um pintor de temas históricos e de personagens construtores da nacionalidade – meta exaltada em seus textos didáticos para a Academia Imperial de Belas Artes. Como concentração e foco não foram traços marcantes de sua personalidade – num contraponto um tanto fora de propósito com a análise que Norbert Elias faz sobre Mozart[1] – o gaúcho terminou por não concretizar essa vocação. Este capítulo fará uma análise da obra visual e gráfica deixada por Manuel José de Araújo.

As caricaturas inaugurais: denúncia ou vingança?

Manuel de Araújo é costumeiramente apresentado como o primeiro caricaturista brasileiro (Magno, 2012, p. 20) e o introdutor da imagem na imprensa. Qualquer pesquisa na internet e na Wikipédia comprova essa afirmação. Mas o próprio autor da *História da Caricatura Brasileira*, Luciano Magno, reconhece alguns antecessores, entre eles o paranaense João Pedro, o Mulato – além dos aportes visuais de alguns periódicos satíricos pernambucanos, como O *Marimbondo* (1822), O *Carcundão* (1831) e o mais longevo, O *Carapuceiro* (1832-1847).

João Pedro, o Mulato, é personagem recentemente descoberto e divulgado pelo pesquisador paranaense Newton Carneiro, que encontrou em um sebo em Lisboa oito aquarelas pintadas pelo artista entre 1807 e 1819. Não são trabalhos de imprensa, nunca foram publicados e pouco se sabe sobre o

---

[1] Esse autor e o seu livro póstumo, *Mozart, a Sociologia de um Gênio*, serão fios-condutores do capítulo com as considerações finais deste trabalho.

autor (Carneiro: 1975). A Enciclopédia Itaú Cultural de Arte e Cultura Brasileiras (EIC) informa sobre ele:

> João Pedro (Curitiba PR 18– - Rio de Janeiro RJ 18–). Pintor, aquarelista e caricaturista. É um artista ativo no primeiro quartel do século XIX, que reside nas cidades de Paranaguá, Paraná, e de Florianópolis, Santa Catarina, e dedica-se à produção de aquarelas e ilustrações caricatas de tipos e costumes próprios da região Sul do país (EIC, online).[2]

A data de nascimento certamente seria próxima do final da última década de 1700, pois se em 1807 o artista já produzia, deveria ter então mais do que 7 anos, o que invalida a primeira data fornecida pela EIC. Além de poucas paisagens, as aquarelas encontradas são representações satíricas da vida cotidiana nas províncias do Paraná e Santa Catarina [figuras 3 e 4]. Já as referidas contribuições pernambucanas *(O Marimbondo, O Carcundão e O Carapuceiro)* não chegam a ser cenas do cotidiano ou caricaturas, mas apenas vinhetas que dão um toque visual a essas publicações satíricas [figuras 5, 6 e 7].

As primeiras investidas de Manuel de Araújo na caricatura não estão ligadas a um periódico, mas a páginas soltas, uma prática que o autor trouxe de seu período de aperfeiçoamento na França, onde viveu de 1831 a 1837. Foi justamente nesse período que outro artista, chamado por Balzac de "O Michelangelo da caricatura", era uma das locomotivas da cidade luz: Honoré-Victorien Daumier (1808-1879). Dois anos mais jovem que nosso personagem, Daumier será uma influência marcante no trabalho de caricatura de Porto-Alegre (Faria, 2003). Em 1832, recém-chegado

---

2 http://enciclopedia.itaucultural.org.br/pessoa23592/joao-o-mulato-pedro, acessado em 25 de março de 2016.

Manuel de Araújo Porto-Alegre: um artista fora do foco 181

a Paris, Manuel José deve ter acompanhado a polêmica em torno da circulação da caricatura *Gargântua* [figura 8], representando Luís Felipe (1773-1850), rei da França entre 1830 e 1848 (quando abdicou). A charge retrata o monarca como um imenso monstro devorando os súditos. A ousadia custou a Daumier seis meses na prisão de São Pelágio naquele mesmo 1832.

As figuras 3 a 8. No alto, dois trabalhos de João Pedro, o Mulato. *Sargento Mór da Milícia de Paranaguá dando despacho e andamento aos feitos atrasados* e o *Regimento de Cavalaria de Coritiba em 1807*. As vinhetas dos jornais satíricos *O Marimbondo*, *O Carcundão* e *O Carapuceiro*. E *Gargântua*, a caricatura que rendeu 6 meses de prisão a Honoré Daumier.

A charge que marca a entrada de Porto-Alegre nas artes gráficas é *A Campainha e o Cujo* [figura 9], desenhada por ele e litografada pelo francês Pierre Victor Larée. Foi o número 1 de uma série de caricaturas e retrata o jornalista Justiniano José da Rocha, redator do *Correio Oficial*, ajoelhado e recebendo uma bolsa com dinheiro.

A primeira tiragem da *Caricatura* fez grande sucesso e logo circulou *A Rocha Tarpeia* [figura 10]. A duas caricaturas são um trabalho um tanto tosco, revelando uma das deficiências do artista no traço livre – algo que marcará a série de caricaturas avulsas que ele colocará em circulação na Corte, com anúncios publicados no prestigiado *Jornal do Commercio*, chamando a atenção para a "nova invenção artística". É o que se lê no pequeno anúncio aparecido no dia 14 de dezembro de 1837 no citado jornal [figura 9]:

Manuel de Araújo Porto-Alegre: um artista fora do foco 183

Saiu à luz o primeiro número de uma nova invenção artística, gravada sobre magnífico papel, representando uma admirável cena brasileira, e vende-se pelo módico preço de 160 reis cada número, na loja de livros e gravuras de Mongie, rua do Ouvidor n° 87. A bela invenção de caricaturas, tão apreciada na Europa, aparece hoje pela primeira vez no nosso país e sem dúvida receberá do público aqueles sinais de estima que ele tributa às coisas uteis, necessárias e agradáveis (*Jornal do Commercio*, BN online).

> ANNUNCIOS.
>
> SAHIO á luz o primeiro numero de huma NOVA INVENÇÃO ARTISTICA, gravada sobre magnifico papel, representando huma admiravel scena brazileira, e vende-se pelo modico preço de 160 réis cada numero, na loja de livros e gravuras de Mongie, rua do Ouvidor n. 87. A bella invenção de caricaturas, tão appreciada na Europa, apparece hoje pela primeira vez no nosso paiz, e sem duvida receberá do publico aquelles sinaes de estima que elle tributa ás cousasuteis, necessarias e agradaveis.

Figura 9: detalhe da página 3 do *Jornal do Commercio* de 14 de dezembro de 1837, com o anúncio da primeira caricatura que circulou como página solta no Brasil. Biblioteca Nacional Digital.

Houve muita curiosidade pela novidade e, portanto, demanda para essas imagens. O *Diário do Rio de Janeiro* também publicava semelhante anúncio no dia seguinte, dando a conhecer o aparecimento da *Caricatura*, publicação de desenhos avulsos, vendida como as "revistas-pôster" oferecidas nos dias atuais nos finais de campeonatos de futebol ou pela morte de algum ídolo. Imagens para colecionar ou guardar [figura 10].

Figura 10. A primeira caricatura de Porto-Alegre. A *Campainha e o Cujo*, litografada por Victor Larée, tem uma legenda.[3]

O êxito foi tanto que logo a seguir um novo anúncio saía nos dois jornais. Agora os pontos de venda se ampliaram. Além da Livraria de Louis Mongie (um estabelecimento famoso do Rio de Janeiro nessa época, por reunir uma espécie de clube literário), se juntam endereços consolidados como a livraria de R. Ogier e a Universal, de Eduardo Laemmert:

> Acha-se à venda nas lojas dos Srs. João Batista dos Santos, Rua da Cadeia n° 60; Sant'Amant, Rua de São José n° 64; R. Ogier & Cia; Rua do Rosário; E. Laemmert, Rua da Quitanda, o 1° número de *Caricatura*, que represen-

---

[3] A legenda da primeira caricatura. A Campainha: "Quem quer; quem quer redigir/ O Correio Oficial!/ Paga-se bem. Todos fogem? / Nunca se viu coisa igual". O Cujo: "Com três contos e seiscentos/ Eu aqui'stou, meu senhor/ Honra tenho e probidade/ Que mais quer d´um redactor?"

ta interessantíssima cena brasileira, impressa em muito bom papel, e pelo módico preço de 160 réis.[4] Sairá amanhã e acha-se à venda nas mesmas casas o 2° número de *Caricatura*, representando a Rocha Tarpeia. O favorável e generoso acolhimento com que recebeu o público o 1° n° deste nosso periódico de gravuras, havendo-se esgotado já toda a primeira edição, anima aos artistas que se acham encarregados de tão necessária, útil e patriótica empresa, a continuarem sua publicação.

Figura 11: Após o sucesso da primeira caricatura, circula a segunda "A Rocha Tarpeia", fazendo uma espécie de trocadilho com o nome do jornalista Justiniano José da Rocha. Também esta vem com versos a título de legenda.[5]

---

4 A própria edição avulsa do *Jornal do Commercio* era vendida pelo preço de 160 réis.
5 Sobre a Rocha Tarpeia: uma das formas de morte prevista pelo código penal romano era precipitar o condenado do alto da rocha Tarpeia, abrupta escarpa da colina do Capitólio, onde ficava o Fórum e o templo de Júpiter. A legenda diz: "Coitado deste burrinho, cegou com o muito estudar. É crônica esta cegueira, não se pode mais curar. Traz o seu

A interpretação corrente do motivo da publicação destas duas caricaturas é de que se trataria de uma denúncia de Porto-Alegre contra a venalidade do jornalista Justiniano José da Rocha. Essa versão que foi assumida pelo historiador Nelson Werneck Sodré em seu clássico *A História da Imprensa no Brasil*, resultado de décadas de pesquisa – obra que é exaltada até além-mar: "Sodré terá passado cerca de trinta anos a pesquisar os factos que relata na *História da Imprensa no Brasil*, conforme é revelado no livro", afirma o pesquisador português Jorge Pedro de Sousa (Sousa 2010, online).

Na introdução de uma outra *História da Imprensa no Brasil*, as autoras Ana Luiza Martins e Tania Regina de Luca, avalizam:

> Na tentativa de apresentar um estudo de cunho geral, global e total da história da imprensa, tem-se em 1966 o lançamento da obra de Nelson Werneck Sodré, *História da Imprensa no Brasil*. Embasado em alentada pesquisa desenvolvida ao longo de dez anos, o autor recuperou a trajetória do impresso no quadro mais amplo das relações capitalistas de produção (Martins e Luca, 2008, p. 15).

Mas qual a narrativa criada por Werneck? Ele se contradiz em suas avaliações sobre Justiniano José da Rocha, mas o que fica de marcante é um tom anacrônico, recorrente em sua obra. Sua visão marxista do processo histórico o leva a interpretar com ferramentas de seu tempo (meados do século passado, a primeira edição é de 1966, publicado pela Civilização Brasileira), sem muitas vezes contextualizar alguns fatos do passado. Assim, para

---

preço na testa [*3.600 contos*], valor por que foi comprado. Tem espírito de gente, escreve como um letrado. Esta é a Rocha Tarpeia, prodígio de nossa terra. Ao metal nunca resiste, cede à lima, ao malho e à serra".

ele, "Justiniano José da Rocha não tipifica apenas o jornalismo áulico, em que tanto se destaca; tipifica também a conjugação entre imprensa e literatura, que se firma então e vai dominar até quase o nosso tempo" (Sodré, 1999, p. 183). Na mesma página, na nota de rodapé 113, em que traça um sucinto perfil do jornalista, acrescenta: "Porta-voz conservador, pena alugada, Justiniano é apresentado, pela historiografia oficial, como nosso 'maior jornalista', sem que, para isso, tivesse tido condições". Sodré repete amiúde a pecha de "áulico" para personagens ou publicações que não encaixam em sua visão de mundo.

Curiosamente, páginas adiante, ao comentar o auge do *Jornal do Commercio* no Segundo Reinado, Werneck Sodré afirma que todos os *[jornalistas]* que por lá passaram deviam ao periódico a consagração e o triunfo. "Os grandes nomes acotovelavam-se", escreve, e inicia a enumeração dos grandes jornalistas que trabalharam no periódico com a citação: "Justiniano José da Rocha, o maior dos jornalistas brasileiros..." (Sodré, 1999, p. 189). Como o autor não usou aspas, supõe-se que, distraído, seguiu a historiografia oficial.

A historiadora Isabel Lustosa, no vídeo intitulado "O Surgimento da Caricatura,"[6] postado no site do programa *Observatório da Imprensa*, trata essas duas produções de Manuel de Araújo como parte da disputa política entre o regente interino Bernardo Pereira de Vasconcellos, ministro e secretário de Estado dos Negócios da Justiça, que contratara Justiniano da Rocha para editar o *Correio Oficial*, e a facção os irmãos Andrada (José Bonifácio e Antonio Carlos), que lhe faziam acirrada oposição. Embora a rivalidade entre as facções estivesse no auge nes-

---

6 A brilhante aula da professora está disponível em https://www.youtube.com/watch?v=FOudJS36HVQ.

ses tempos da Regência, sabemos agora que o motivo das caricaturas foi a vingança contra a crítica da peça *Prólogo Dramático*, publicada por Justiniano, como veremos a seguir. Em um curto artigo ("Primeira caricatura brasileira denuncia corrupção. No Correio") publicado em 14 de agosto de 2005 no portal Carta Maior, o historiador Gilberto Maringoni confirma essa versão e traça paralelos com mensalões e CPI:

> Uma das primeiras caricaturas publicadas no Brasil, em 1837, aponta um pagamento de propina no *Correio Oficial*. Em tempos de malas e mensalões, o nome é sugestivo. Mas aqui se trata do equivalente ao *Diário Oficial*, e não da estatal que deu 15 minutos de fama ao burocrata Maurício Marinho.[7] O desenho mostra um homem em pé, elegantemente trajado, usando chapéu de penacho. Com a mão direita, toca uma sineta e, com a outra, oferece um saco de dinheiro a um sujeito ajoelhado, em atitude servil. Outros, ao fundo, fogem da cena. [...] A composição é contundente. Além dos personagens, há vários dizeres nos muros das casas. O mais evidente destaca: "Com honra e probidade 3:600$000. Viva a sinecura!" A quantia representava, à época, bem mais que um mensalão. Era dinheiro para se comprar uma bela casa no Rio de Janeiro, bagatela mais condizente com cuecas voadoras, ou saques milionários. [...]. Não há notícias de algo que se assemelhasse a CPIs para este caso. Mas, apesar de ter redigido algumas obras importantes – em especial um pequeno ensaio histórico, "Ação, reação e transação" –, a imagem de Justiniano José da Rocha ficou marcada como a de um bajulador profissional. Ainda não existiam transmissões ao vivo, denúncias de

---

7 Referência ao administrador da empresa dos Correios, denunciado em 2005 por envolvimento no "escândalo do mensalão", quando chefiava o Departamento de Contratação e Administração de Material da estatal.

secretárias e quebras de sigilo bancário e telefônico. Mas a caricatura já cumpria seu papel de imortalizar certas reputações (Maringoni, 2005, online).

Um dos traços marcantes da personalidade de Manuel de Araújo, evidente em diferentes passagens de seus textos, seja na autobiografia precoce ou nas cartas ao mentor Monte Alverne, é a constante reclamação sobre falta de apoio, de reconhecimento e das dificuldades financeiras. Quem sabe, vendo o jornalista Justiniano José da Rocha, 6 anos mais jovem do que ele, formado em Direito pelo Largo de São Francisco, vir de São Paulo (atrás do burro da segunda caricatura há uma placa com os dizeres "Estrada de São Paulo") e com um salário estratosférico de 3.600 contos de réis, deve ter movido forte sentimento de inveja no caricaturista – que teria feito a panfletagem por motivos muito menos nobres.

No entanto, dessas sortes que podem acontecer durante uma pesquisa, surge uma página do *Diário do Rio de Janeiro*, de 15 de dezembro de 1837, que publica, em sua primeira página um "a pedido". "Pede-se-nos a publicação da seguinte resposta ao Redactor do Correio Official". Seguem-se as três colunas da página com um texto em que Pereira da Silva[8] investe contra o redator, sem citar seu nome (Justiniano José da Rocha). O redator do *Correio Oficial* teria publicado uma crítica à apresentação do dia 2 de dezembro, do *Prólogo Dramático*, fartamente elogiado nos dias 4 e 5 de dezembro em texto que, sabe-se agora, era de Pereira da Silva.

---

8   João Manuel Pereira da Silva (Vila de Iguaçu, província do Rio de Janeiro, 30 de agosto de 1817-16 de junho de 1898) foi um dos escritores da revista *Nitheroy* (capítulo 4). Vinculado ao Partido Conservador em sua província de origem, foi deputado geral entre os 1843 e 1887, com raras interrupções. De 9 de janeiro de 1888 a 1889 ocupou cadeira no Senado imperial.

Em seu texto "a pedidos", Pereira da Silva compara o "oficioso redator" ao jornalista francês de tendências republicanas Armand Carrel e recomenta ao autor da crítica analisar o prólogo de Porto-Alegre em vez de apenas criticar. Após entregar ao "merecido desprezo" os comentários de Rocha, mencionando as "sinecuras" por ele obtidas, entra na análise das opiniões emitidas. Se atém à parte em que o redator do *Correio Oficial* critica a referência à doença da princesa Januária no dia da apresentação do Prólogo, por entendê-la desnecessária. Como costuma dizer o maestro João Carlos Martins: tornando curta uma história longa, Pereira da Silva mostra que a publicação do redator do *Correio Oficial* provocou sua ira e a do autor do *Prólogo Dramático*. A aparição, logo a seguir, das duas caricaturas contra J. J. da Rocha, seria motivada pela vingança e despeito.

Mas o que escreveu o redator do *Correio Oficial* que tanto incomodou Pereira da Silva? Para dirimir essa dúvida, houve algumas longas horas de pesquisa nas páginas do *Correio Oficial* na primeira quinzena do mês de dezembro de 1837, sem resultado. Na hemeroteca digital da Biblioteca Nacional, o acervo digitalizado da publicação foi repassado diversas vezes. Essa checagem rendeu leituras interessantes, como a do decreto de criação do Colégio Pedro II, que ocupou o lugar do Seminário São José; ou sobre as disciplinas obrigatórias; o aproveitamento de professores oficiais de idiomas, que não gozariam de salários adicionais. Ou as notícias sobre as obras de canalização do córrego do Maracanã, tudo em uma linguagem de registro de atos e fatos do governo, então sob comando do regente interino Bernardo Pereira de Vasconcellos, ministro e secretário de Estado dos Negócios da Justiça. Nas páginas com a rubrica "não oficial", a leitura flui entre notícias de prisão de funcionários do império por roubo ao tesouro nacional – ou sobre o con-

Manuel de Araújo Porto-Alegre: um artista fora do foco   191

sumo europeu de café, citando ser essa a bebida preferida de Voltaire (que a tomava muito forte), de Frederico II da Prússia, ou de Napoleão. Mas nenhuma menção sobre a representação do *Prólogo Dramático*, em 2 de dezembro de 1837 [figura 12].

Figura 12: a única menção às comemorações do 12º aniversário do imperador apareceu apenas na "parte não oficial" do *Correio*, na terceira página da edição de 4 de dezembro de 1837.

Uma nova leitura do *Diário do Rio de Janeiro* e seu "a pedidos" de 15 de dezembro de 1837 abre nova perspectiva para a pesquisa. A publicação é uma resposta ao redator do *Correio Oficial*, não ao jornal. Sabe-se que Justiniano José da Rocha era um prolífico redator e colaborava com outros órgãos da imprensa, entre eles *O Chronista*, fundado por ele em 1836. Novas buscas e leituras. Foi neste jornal que apareceu, no dia 13 de dezembro, a crítica corrosiva à apresentação do *Prólogo* de Manuel Araújo. Vem sob o formato de folhetim, num rodapé que ocupa pouco menos da metade inferior do jornal, nas três primeiras páginas, com o nome de "Appendice". Assim inicia a apresentação da crítica:

> Tínhamos recebido o seguinte apêndice de um amigo, cujos talentos sazonados pelo estudo e meditação não haviam precisado, para descobrir as penas de pavão com que muitas de nossas gralhas se enfeitam, de ir perder os anos de sua mocidade viajando pela Europa, onde, a troco do perdido tempo, só se alcança fatuidade insuportável, tom catedrático e pedantesco, e desdenhoso orgulho.

O editor comenta que haviam decidido não publicar a crítica, mas diante das análises publicadas por P.S. [Pereira da Silva], "não há mais remédio, vai o apêndice". São 9 colunas, chegando a quase 300 linhas. O autor não é citado, mas sabe-se que é texto de Justiniano José da Rocha.

> Somos infelizes!, não nos é dado avaliar belezas novas e originais, ou antes a extravagância do sr. P.A., como mui apropriadamente chamou a tal composição o sr. P.S.,[9]

---

9 Recurso utilizado frequentemente na imprensa da época, citar as pessoas pelas iniciais. No caso, P.A. se refere a Porto-Alegre; P.S. a Pereira da Silva.

sim, não podemos avaliar extravagâncias nem no teatro queremos ir desfrutar esse precioso gênero: mas descanse o elogiador do prólogo, não é a inveja quem nos move: inveja da poesia do sr. Porto-Alegre?! Não, nem ao sr. P.A., nem ao sr. P.S. achamos o que invejar, a não ser no primeiro a tão apregoada habilidade de seu pincel, e no segundo a vaidade com que de tudo e de todos fala, censurando Dumas, elogiando Goethe, analisando a eloquência dos Cíceros e Demóstenes antigos [...] a vasta erudição com que nos vai dando ideias de Goethe, Schiller, de Shakespeare e Byron sem talvez ter lido página e meia desses autores. [...] E os boletins da saúde da Senhora D. Januária, que só o grande jornal publicou!

Pois que? A senhora D. Januária esteve tão enferma que valesse a pena avisar ao público, dando notícias de sua enfermidade? Pensamos que não, pensávamos que tinha sido levíssimo seu incômodo, tanto que não vimos interrompidos os regozijos do Dia 2, nem adiada a maçada do sr. P.A.

Essa é apenas a introdução para o fogo pesado que virá a seguir: a crítica, com o intertítulo "O Prólogo Infernal" [figura 13]. O autor escreve como se fosse um provinciano recém-chegado de São Paulo ao Rio de Janeiro, no próprio dia 2 de dezembro. Ele se admira com a empolgação da Corte, com os sinos do colégio repicando as 6 horas. O escritor desembarca atordoado "com tanta bulha, olhando para todos os lados: nunca vi tanta gente em dias da minha vida". Citamos a seguir alguns trechos. É citação longa, que se justifica pelo ineditismo da descoberta: a "denúncia" das duas caricaturas publicadas como volantes por Araújo de Porto-Alegre era, sim, um acerto de contas.

Corte, a Corte! Oh, nada há mais belo, mais admirável do que a Corte! Está bem, senhores, iremos à corte, quero ver tudo isso, quero com meus próprios olhos admirar a grandeza, verei a majestosa baía do Rio de Janeiro, com que tanto me matraqueiam os ouvidos, verei o teatro, as torres da Candelária, o jardim botânico, o museu, enfim estou resolvido a não deixar este mundo sem ter que contar. [...]. Oh! Vim em tempo! Por menos de 8 mil réis não pude apanhar um bilhete de cadeira! Oito mil réis por um bilhete! Mas [...] não houve remédio, troquei por um pequeno cartão roxo o preço de duas arrobas de café. [...]. Mas eis que o pano sobe... Que mal fizeram minhas ilusões! Sim, o pano subiu e eu empreguei toda a atenção de que podia dispor, nem pestanejava. Então, vi umas sombras girando pelo tablado, cantando ou antes fazendo uma desentoada insípida algazarra, que provocava antes o riso do que o terror, e me disserem que aqueles que assim dançavam e cantavam eram diabinhos: de repente param, e o diabo-mor que estava de púlpito à maneira de pregador recitou uns versos tão ásperos que bem poderiam arranhar tímpanos de bronze. Ia levar as mãos aos ouvidos, quando meu companheiro da direita diz "Pois quer que os versos de Satanás sejam bem feitos e harmoniosos? Olhe a ideia é toda nova e original".

Calei-me, e não duvidei.

Em uma palavra o prólogo foi representado no inferno, e por isso o autor fê-lo satânico, infernal: o senhor maestro, conformando-se com a ideia do poeta, também compôs música que só diabos poderiam ouvir e apreciar. [...] E queriam que a plateia entendesse a tal satânica moxinifada[10] sem estar iniciada nos mistérios de Plutão e Proserpina? [...]. *Enfastiado* por tanta sensaboria não

---

10 Resultado da ação de misturar comidas, bebidas, temperos, condimentos. Uma "mistureba".

me importei mais com artes de berliques e berloques, e nem quis assistir ao drama mágico, bem mal que fiz, porque me dizem, fora bem desempenhado. [...]. Nada, nada; vou para minha terra desmentir os que tanto me gabaram o teatro da corte; ao menos lá eu assevero que esse tal de prólogo não teria as honras do tablado.

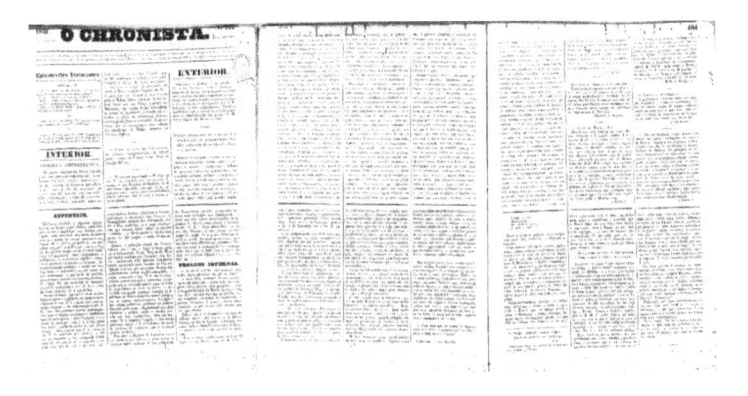

Figura 13. As três páginas com o rodapé publicado por Justiniano José da Rocha, no jornal criado por ele, com a crítica ferina à encenação do *Prólogo Dramático*, de Porto-Alegre

As caricaturas, portanto, não tiveram nenhum viés cidadão moralizador, como se vê. Mas ter sido o primeiro caricaturista não significa que o artista gaúcho tenha produzido uma vasta obra nesse campo das artes gráficas. Sua produção publicada foi escassa e os desenhos mostrados na Exposição Singular&Plural confirmam o que já se sabe: o traço de Porto-Alegre não tem o mesmo vigor, a soltura, a força e a graça de seu inspirador Honoré Daumier. Basta analisar o comparativo no quadro abaixo [figuras 14 e 15]. Mesmo os desenhos de cada edição da revista *A Lanterna Mágica*, editada por Manuel de Araújo entre 1844 e 1845 (foram 23 números), não eram de sua autoria, mas de Rafael Mendes de Carvalho, seu aluno [figuras 16 e 17], baseando-se na produção de Daumier.

Figuras 14 e 15. Uma das mais conhecidas caricaturas de Honoré de Daumier, "Presente, Passado e Futuro", em que retrata o rei Luís Filipe como uma pêra. E um desenho Porto-Alegre, "Companheiro de viagem", parte do Álbum da Coleção do Instituto Moreira Salles As duas obras são do mesmo ano: 1834.

Figuras 16 e 17. Robert Macaire e Bertrand, de Honoré Daumier (1840) e sua réplica em Laverno e Belchior dos Passos (A *Lanterna Mágica 1844-1845*): o traço é de Rafael Mendes Carvalho.

A título de conclusão

Diversos textos acadêmicos repetem erros de informação por utilizarem fontes de segunda mão. Em algumas pesquisas realizadas sobre assuntos de distinta natureza, como a interpretação da tela Os Embaixadores,[11] para ficar apenas num exemplo, este pesquisador encontrou erros sobre os personagens mostrados na tela em algumas dissertações de mestrado: seguramente, o autor não checara a informação, citando fontes pouco confiáveis.

A atribuição de denúncia de corrupção às duas caricaturas inaugurais de nossa imprensa é também uma dessas informações repetidas a partir das visões de pesquisadores que não tiveram os recursos de pesquisa hoje à disposição. Citado por muitos como fonte, o estudioso Herman Lima, em sua monumental pesquisa sobre a caricatura, já deixava a suspeita: "A virulência das charges contra Justiniano José da Rocha causa espécie por se tratar, não somente de uma simples nomeação para dirigir um jornal do governo, como de um homem de imprensa, notável por todos os títulos" (Lima, 1963, p. 75).

O abandono na pintura

Apenas nove anos após a morte de Manuel José de Araújo Porto-Alegre, ocorrida em Lisboa em 1879, o crítico e escritor Sílvio Romero escrevia, no segundo tomo de sua *História da Literatura Brasileira* (1830-1877), publicada por B. L. Garnier em 1888,

> Que este escritor ainda não foi bem estudado. Coberto de exagerados elogios pela velha crítica do país, alçado

---

11 Óleo sobre madeira de Hans Holbein, o Jovem, produzida em 1533, um ícone da pintura dita "de adivinhação".

ao sétimo céu por Fernandes Pinheiro e Wolf, é quase totalmente desconhecido pelo público. Sabem mais ou menos vagamente que foi autor de uma coleção de versos, sob o título de *Brasilianas*, e de um enorme poema em dois volumes sobre *Colombo*. Hoje a ideia geralmente aceita é a de ser esse homem a encarnação da poesia prosaica, empolada, campanuda. Entretanto, é preciso rever estes juízos e estudar o amorável rio-grandense com doçura e imparcialidade (Romero, 1888, p. 725).

No esforço de realizar esse trabalho não tão recheado de doçura assim, Romero realizou uma inteligente periodização da obra do gaúcho, afirmando que "Para bem compreender a vida intelectual de Porto-Alegre e assistir a sua evolução íntima, é mister recorrer às datas de suas obras" (Romero, 1888, p. 726). Relembra que a pintura foi o ponto de partida – e a Escola Imperial de Belas Artes lhe serviu de aprendizado (1826-1828), sendo seus primeiros quadros pintados entre 1829 e 1830. "E isso foi passageiro", afirma o historiador. "De 1835 em diante, a poesia, a crítica e a literatura em geral são sua principal preocupação" (Romero, 1888, p. 726-727).

De fato, o rapaz que se encantara com a litografia do desembarque de Leopoldina foi aluno dedicado – tanto que ganhou bolsa para ir estudar pintura na Europa, tendo permanecido ali por seis anos, de 1831 a 1837. Na volta, passa a desenvolver atividades variadas como professor de desenho, poeta, crítico e historiador de arte, disciplina de que é considerado o fundador no Brasil.

Mas, mesmo tendo sido nomeado pintor da Câmara Imperial em 1840, não deixou uma obra pictórica de porte, tendo executado trabalhos "perecíveis", como a decoração da varanda para a coroação do imperador Pedro II e de seu casamento com Teresa Cristina. Dessa série de trabalhos restaram apenas 13 pranchas desenhadas por seu discípulo Rafael Mendes de Carvalho (1817-1870), que publicou em 1841, às próprias custas, um álbum no qual se apresenta como desenhista da Casa Imperial: "Coleção dos desenhos das principais iluminações nos dias da Coroação do S. D. Pedro 2º'" – de que há uma cópia no acervo digital da Biblioteca Nacional [figuras 18 a 21].

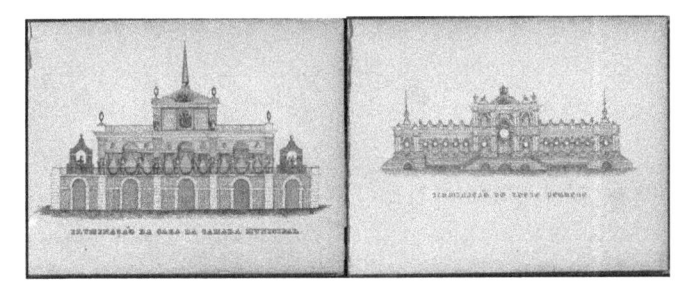

Figuras 18 a 21. 18: A capa do álbum publicado por Rafael Mendes Carvalho, reproduzindo em treze pranchas o trabalho decorativo de Manuel de Araújo Porto-Alegre. 19: Vista da Varanda da Coroação. 20: a Iluminação da Casa da Câmara Municipal. 21: Iluminação do Rocio Pequeno.

Segundo trecho da descrição da Coroação de D. Pedro II publicada no *Jornal do Commercio* de 20 de julho de 1841, "após a coroação e o banquete, franqueou-se a Varanda e o Paço para serem visitados pelas pessoas decentemente vestidas, que se apresentassem com este intuito". Supõe-se que de doze a quinze mil pessoas visitaram as instalações da Varanda, além de percorrerem os diversos pontos "iluminados" da cidade, um trabalho de decoração logo depois desmontado.

Um levantamento das obras apresentadas na exposição e no catálogo da mostra Singular&Plural, do Instituto Moreira Salles, revela que no período entre 1831 (ano de sua partida para a França) e 1859 (quando se torna diplomata, assumindo o posto de cônsul em Berlim) a produção pictórica de Manuel Araújo foi baixíssima: seis telas em 28 anos. São elas *O Juramento da Regência Trina Permanente*, pequeno óleo sobre tela (1831) de 30,50 x 44,50 cm (hoje no acervo do Museu Imperial de Petrópolis); *A grande Cascata da Tijuca*, óleo sobre tela (1833) de 65 x 81 cm (Pinacoteca do Estado de São Paulo); o *Retrato de Debret*, óleo sobre tela (1836), de 80 x 74 cm (Museu D. João VI, da UFRJ), *Dona Luiza Rosa Avondrano Pereira*, óleo sobre tela (1840), 180 x 100 cm (Acervo Santa Casa de Misericórdia, Rio), além da *Sagração de Pedro II*, óleo sobre tela (1841), 110 x 80 cm (Museu Histórico Nacional) [figuras 22 a 25]. E, finalmente, o grande projeto inacabado da *Coroação de D. Pedro II* (1842), óleo sobre tela de 485 x 793 cm (Instituto Histórico e Geográfico Brasileiro). Iremos nos deter mais demoradamente neste projeto inacabado.

A história final do trabalho como pintor

A tela inacabada de Porto-Alegre, a *Coroação de D. Pedro II*, jazeu esquecida num escaninho qualquer do Paço Imperial por seis décadas, até ser redescoberta em 1907. Descascando em vários pontos, mutilada na parte de cima, foi restaurada em 1975, segundo escreve a historiadora Letícia Squeff no artigo "Um rei invisível", publicado na *Revista de História*, em 2007:

Pintor de pompa e circunstância. É assim que o espectador tende a classificar Araújo Porto-Alegre quando contempla o quadro *Coroação de d. Pedro II*. Mas por trás da grande tela, hoje exposta no Instituto Histórico e Geográfico Brasileiro, no Rio de Janeiro, existe uma história que talvez seja a mais desastrada do Segundo Reinado. Se não chegou a pintar o rei nu, como no famoso conto de Hans Christian Andersen (1805-75), Porto-Alegre acabou desnudando o próprio Império (Squeff, 2007).

Figuras 22 a 25. O *Juramento da Regência Trina Permanente* (1831); *A grande Cascata da Tijuca* (1833); o *Retrato de Debret* (1836); e *Sagração de Pedro II* (1841): amostras de uma produção irregular.

O pintor iniciou o quadro *Coroação de D. Pedro II* logo após a coroação de Pedro II, em 18 de julho de 1841 – o monarca tinha 15 anos incompletos. O envolvimento do artista na cerimônia, entretanto, começara antes, segundo o relato de Squeff. Como arquiteto, Porto-Alegre projetara, como se disse, a Varanda da Sagração, um anexo temporário ligando o Paço à Capela Imperial. Essas obras de decoração foram cenário para os nove dias de festa, que se estenderam numa programação que, além da coroação, incluíram cortejos, concertos e bailes. Já como pintor, o artista projetava uma tela de proporções inéditas no Rio de Janeiro da época – 4,85 por 7,93 metros.

O quadro também se ajustava perfeitamente a um propósito comemorativo: mostrava o monarca recém-coroado, num salão majestoso, cercado pelas notabilidades da corte. Por tudo isso, Porto-Alegre parecia ser a pessoa certa para fazer a pintura da coroação. Mas essa não foi a opinião de d. Pedro II. Como o governo não fez menção de comprar a obra, Porto-Alegre desistiu de terminá-la. Curiosamente, no ano seguinte, o monarca condecorava um pintor francês cujo quadro tinha por título e tema a *Coroação de D. Pedro II*. Seu autor chamava-se François- -René Moreaux (1807-60) (Squeff, 2007).

Segundo a ficha catalográfica do Instituto Histórico e Geográfico Brasileiro, identificam-se na tela muitas das personalidades presentes: em frente ao monarca vê-se D. Romualdo Antônio de Seixas, arcebispo da Bahia e Primaz do Brasil. Próximos ao trono estão o Marquês de Paranaguá, Francisco Vilela Barbosa; o Conde de Lajes, João Vieira Carvalho; Paulino José Soares de Sousa, o Visconde de Uruguai; o Marquês de Baependi, Manuel Jacinto Nogueira da Gama; Aureliano de Sousa e Oliveira Coutinho, Visconde de Sepetiba; o Visconde de São Leopoldo, José Feliciano Fernandes Pinheiro; Paulo Barbosa da Silva; Antônio Carlos Ribeiro de Andrada Machado e Silva; Miguel Calmon du Pin e Almeida, Marquês de Abrantes, entre outros grandes da Corte. No alto da varanda mandada construir para a solenidade, distinguem-se as princesas D. Januária e D. Francisca, irmãs mais velhas do jovem herdeiro do trono [figura 26].

Voltemos à muito bem escrita análise da historiadora Letícia Squeff:

> O jovem d. Pedro, representado como um homem imponente, está isolado dos demais. Sua figura é flanqueada por duas colunas, tendo por trás o enorme dossel que cai do teto. O efeito grandioso do quadro é potencializa-

do pelo tonalismo dourado que cobre objetos e personagens, reforçando o brilho dos enormes lustres e a pompa do cerimonial. Se pensarmos que a obra final deveria ter em torno de 40 m², pode-se imaginar a intenção do pintor. Distante das representações de uma natureza verdejante, mas ainda inculta – sempre associadas àquela monarquia encravada nos trópicos –, o pincel de Porto-Alegre representava o surgimento de uma nova ordem. Com suas colunas monumentais e interior luxuoso, a Varanda era o cenário perfeito para marcar o início do reinado de Pedro II (Squeff, 2007).

Figura 26. O grande (4,85 x 7,93 m) projeto inacabado da *Coroação de D. Pedro II* (1842): o público não olha para o menino imperador. Este olha para uma tela do passado.

Na tela encomendada a Moreaux [figura 27], e seguimos ainda acompanhando a análise de Letícia Squeff, no pequeno altar da Capela Imperial, os personagens se comprimem: no centro estão D. Pedro, ajoelhado, e o bispo primaz, que parece rezar com as mãos sobre sua cabeça. Em volta deles, a pequena audiência forma um semicírculo. Alguns personagens retratados por Porto-Alegre também estão presentes. No entanto, os objetivos de Moreaux parecem muito diferentes. Ao contrário do gaúcho, Moreaux não está interessado na arquitetura da capela, mas nos personagens. Não busca a grandiosidade, o espetáculo. Mostra uma cerimônia íntima, quase caseira. A pompa fica reduzida a alguns detalhes das roupas dos bispos e do monarca, representado como um menino.

> A principal diferença entre os dois quadros está no assunto escolhido. Na obra do artista francês, a cerimônia religiosa ocupa o centro da representação, para onde convergem os olhares dos personagens representados e também o do espectador. Com esse recurso bastante direto, a obra retoma um tema que remonta à tradição medieval: o poder do rei é conferido por Deus. O antigo pacto da Igreja com o monarca fornece as bases para o novo momento na história de nosso Império. É a exaltação da monarquia em seus termos mais tradicionais (Squeff, 2007).

Figura 27. A *Coroação de D. Pedro II* (1843), de François-René Moreaux.

Segundo a historiadora, na tela de Manuel de Araújo, o cenário é pagão: a igreja é substituída por um templo à grega. O momento escolhido é o do encontro do imperador, já coroado, com seus súditos. Ao reunir, numa só imagem, membros da Igreja, Corte e políticos, o artista constrói uma rica simbologia da monarquia brasileira. Nesse sentido, um detalhe da representação é muito significativo. Na pequena mesa colocada ao lado da escada estão a Constituição – confeccionada num enorme pergaminho especialmente para a cerimônia – e o missal. Juntos, um sobre o outro, eles simbolizam o teor da monarquia brasileira. A lei sagrada e a lei instituída pelos homens balizam o poder do monarca. A sagração divina tem de ser referendada pelo pacto com os cidadãos. Bela análise da historiadora Letícia Squeff:

> Contudo, o quadro de Porto-Alegre tem outros aspectos desconcertantes. Postado em frente ao trono, d. Pedro parece alheio ao que está acontecendo. Não nota o cortejo, nem a pompa da cerimônia. Com a cabeça levantada, mira o quadro representado ao lado da tribuna [no alto] onde estão as princesas. Compreensível só na grande tela inacabada, o quadro representava outro episódio da história do Império, mais tarde conhecido como "Fico". Se com esse expediente o pintor enuncia uma tradição para a monarquia brasileira – ligando a decisão de d. Pedro I de ficar no Brasil ao reinado de seu filho –, o gesto do monarca recém-coroado não deixa de ser estranho. Curiosa maneira de mostrar alguém que inicia um reinado: em vez de encarar seus súditos, ele olha para o passado. Há ainda outro detalhe, mais sutil, também incômodo. Nenhum dos personagens principais olha para o imperador – com exceção do arcebispo, que, no entanto, não recebe atenção de seu interlocutor. Parado em frente ao trono, d. Pedro é quase parte do mobiliário. Um objeto de de-

coração: majestoso, opulento, brilhante como o resto do ambiente. Mas invisível (Squeff, 2007).

O pintor de paisagem

Por uma combinação entre gosto, durabilidade, facilidade de manutenção e transporte, quem coleciona trabalhos de arte acaba criando uma escala de valores. Uma escultura em madeira costuma ser mais leve que outra em metal e mais resistente que a produzida em terracota. Da mesma maneira, uma pintura em óleo sobre tela ou madeira apresenta mais condições de manutenção do que uma aquarela – por se tratar de uma técnica que utiliza pigmentos dissolvidos em água (daí o nome aguarela),[12] exige papel de alta gramatura e pinceis especiais, demandando mais cuidados de conservação. Vista desde sempre com certo preconceito, por ser entendida como técnica de estudo, foi justamente em seus trabalhos sobre papel – e em especial, na aquarela – que o talento artístico de Porto-Alegre se revelou com maior agudeza (Cardoso, 2014, p. 187).

Esse foi um dos aspectos que a Exposição Singular&Plural deixou mais em destaque: sua obra como pintor de paisagens, "já que ele é sempre lembrado como professor de pintura histórica da Academia Imperial" (Kovensky, 2014, p. 20). Apresentam-se ali algumas preciosidades, que abordaremos numa análise concisa. Comecemos pelo primeiro desses trabalhos, a já mos-

---

12 A aguarela (nome usado em Portugal) surgiu no mesmo berço do papel, três milênios atrás, na China. Na Europa, Tadeo Gaddi (1300-1366), aluno de Giotto, produziu diversas aquarelas empregando papel pergaminho. Albrecht Dürer (1471-1528) conferiu passaporte para a aquarela entrar nas Belas Artes, produzindo cerca de 120 pinturas com essa técnica. Mas foi o inglês William Turner (1775-1851) o maior aquarelista de todos os tempos. Ele desenhou mais de 19 mil aquarelas.

trada *Grande Cascata da Tijuca*, finalizada em 1833. Sendo uma obra realizada durante a estadia em Paris, quando o pintor gaúcho estudava no ateliê do barão Gros, não parece descabido supor que o artista tenha se baseado numa aquarela de mesmo nome feita por seu mestre Debret para uma composição de pintura. A comparação entre a aquarela de Manuel Araújo e o trabalho preparatório de Debret para a sua *Viagem Pitoresca e Histórica ao Brasil* [figuras 26 e 27] aponta para a coincidência do ângulo em que a cascata é registrada pelos dois artistas.

O tom avermelhado da paleta de Porto-Alegre, a desproporção de partes da composição, a rigidez do desenho e a pouca desenvoltura na modelagem dos volumes deixam claro que ele não era naquele momento – e na realidade nunca chegaria a ser – um pintor de grande destreza. É notável, aliás, sua pouca habilidade no desenho da figura humana em geral, algo indispensável num bom pintor de história [...] O próprio Debret foi notoriamente melhor desenhista que pintor, e não seria diferente com seu discípulo dileto (Picolli, 2014, p. 152).

Anos mais tarde, já ocupando a direção da Academia de Belas Artes, a pintura de paisagem seria o gênero para o qual Porto-Alegre reivindicaria um papel central na constituição de uma escola artística tipicamente brasileira. O incentivo ao estudo da paisagem d'après nature (ou diante do motivo) e à sua execução em aquarela – o material por excelência do naturalista e do artista viajante – é um índice claro do anseio de Porto-Alegre pela fidedignidade na representação da natureza do país (Picolli, 2014, p. 153).

Figura 28. Trabalho de Porto-Alegre, de 1833, de dimensões bem maiores: 65 x 81 cm.

Figura 29. A aquarela original de Debret (c.1820), 8,8 x 16, 8 cm

Na obra mais conhecida e reproduzida de Araújo Porto-Alegre, segundo Letícia Squeff, a sépia *Floresta Brasileira*, de 1853, os diferentes arbustos e árvores, bromélias e cipós são dispostos no plano, de modo a serem reconhecidos, classificados e ordenados [figura 30]. O caminho que parte do centro da cena divide as massas de folhas, instituindo valores clássicos na paisagem tropical, como simetria e ordenamento. Ao mesmo tempo majestosa e assustadora, a mata gigantesca sintetiza o sentimento do sublime diante da paisagem, tão caro à sensibilidade romântica (Squeff, 2014, p. 32). Um comentário irretocável, por isso reproduzido aqui.

Figura 30. *Floresta Brasileira* (1853), sépia sobre papel, 62,2 x 87,3 cm. Museu Nacional de Belas Artes.

Como afirma o historiador Deoclécio de Paranhos Antunes, de outra época e de outro contexto, mas não por isso menos inspirado, entendido o romantismo, como depois passou a ser, como manifestação de estados d'alma, de sentimentos puramente subjetivos, Manuel Araújo não foi absolutamente um romântico. Mas entendido, como foi a princípio, no sentido de escola que ia buscar inspiração na tradição, na paisagem e nos costumes nacionais, então ele foi um romântico, porque procurou inspiração na natureza americana, nos seus costumes, histórias e lendas (Antunes, 1943, p. 71).

Como arquiteto, Manuel de Araújo executou alguns projetos na Corte, como reformas parciais do Paço ou de teatros. Mas muitas obras a ele atribuídas parecem não ter muito fundamento. O projeto do prédio para a Faculdade de Medicina do Rio não chegou a ser executado; o prédio da Alfândega, atual Casa França Brasil, é de autoria de Auguste Grandjean de Montigny. E o plano arquitetônico da sede do Banco do Brasil, no Rio, também a ele atribuído, é de lavra de Francisco Joaquim Bethencourt da Silva, discípulo de Montigny.

Talvez por sentir-se sem um norte e sempre afligido pelo fantasma da falta de dinheiro (traço bem marcado nos seus apontamentos biográficos), nos anos 1850 ingressa na política. Em 1852, assume suplência na Câmara dos Vereadores do Rio de Janeiro. Permanece no cargo até 1854, quando é nomeado diretor da Imperial Academia de Belas Artes, cargo que mantém até 1857 – exonerando-se pelo clima de hostilidade que acabou criando com suas "normativas" e recomendações.

Como diretor da Academia promoveu a ampliação da área construída, anexando o Conservatório de Música e a Pinacoteca. Em sua gestão, o currículo da Academia foi ampliado, com a criação de novas disciplinas, como desenho industrial. Também tenta transformar o ensino da pintura de paisagem ao introduzir a técnica da aquarela. Porto-Alegre enfatizava a necessidade de o aluno observar, anotar as peculiaridades de nossa vegetação. "Essas ideias lhe trouxeram uma série de inimizades e o fizeram virar motivo de chacota no meio artístico brasileiro, repleto de pintores e aspirantes a pintores para os quais se embrenhar em uma selva estava muito longe de ser considerado uma atividade razoável" (Kovensky, 2014, p. 49).

7. O quadro no prumo
"Fora de foco", mas com desenho correto

Manuel José de Araújo, na corrida para ganhar o sustento e garantir seu lugar ao sol, não teve ou não conseguiu estabelecer uma meta clara – nem foi fiel ao sonho da juventude, de ser um pintor histórico, contribuindo para dar contornos à identidade do país que acabava de se tornar independente. A antiga colônia, agora nação livre, tinha tudo para construir, inclusive criar sua história, seus mitos fundadores, projetando um futuro.

Se, a título de exemplo e referência, retomarmos o estudo de Norbert Elias sobre Wolfgang Amadeus Mozart, livro publicado *post-mortem*, a forte característica do músico austríaco, segundo o sociólogo, foi a persistência com que buscou realizar seu projeto, pagando por isso o alto custo de morrer pobre, endividado, sendo enterrado como mendigo numa vala comum. E o sonho de Mozart era se tornar compositor de ópera. Já Porto-Alegre se desdobrou em ser um artista multitarefas, sem investir a fundo em qualquer uma dessas frentes. O próprio gaúcho nos deixou muitas pistas sobre essa dispersão. Referindo-se ao painel inacabado, *Coroação de D. Pedro II* (1842), escreveu em sua biografia precoce, de 1858:

Todas as vezes que tomava gosto naquela obra era logo chamado para outra, e foi nestes intervalos que deu os planos para o Colégio do Anjo Custódio; que decorou a sala do trono, e aprontou os paços para o casamento de sua majestade com a senhora dona Teresa, princesa de Nápoles, e cuidou nas festas dos batizados dos príncipes, e deu os planos para a nova Escola de Medicina. Todos esses trabalhos lhe eram mal pagos, exceto os do governo, que nem um obrigado lhe dava! (Porto-Alegre, 2014, p. 348).

Embora mencione o pintor francês François-René Moreaux, incluindo-o entre os inimigos que tramaram as caricaturas difamatórias contra ele *(O Álbum de Pinta-Monos,* falado no capítulo anterior) jamais mencionou que foi a Moreaux que Pedro II encomendou a obra que imortalizaria a sua coroação, condecorando-o por isso. O gaúcho apenas esclarece: "Tendo o governo exigido a sala em que trabalhava, para nela fazer-se a junta dos corretores, enrolou todas as suas telas de maior dimensão, e fechou-as em uma caixa, que se encontra num dos armários do paço" (Porto-Alegre, 2014, p. 348).

Em seu estudo sobre Wolfgang Amadeus, Elias escreve que um velho amigo da família Mozart, o tocador de clarim Schachtner, conta que o mais impressionante no menino era sua total absorção naquilo em que se ocupasse no momento.

Qualquer coisa que lhe dessem para aprender, ele se concentrava tão completamente que colocava tudo o mais, até mesmo a música, de lado. Por exemplo, quando aprendeu aritmética, a mesa, as cadeiras, as paredes e mesmo o chão ficaram cobertos de números feitos a giz. [...] O menino primeiro mostrou uma rara capacidade de absorção em qualquer coisa que prendesse sua imaginação, uma susceptibilidade aos estímulos que não estava confinada apenas à música (Elias, 1995, p. 83).

Uma sociedade de melindres

No livro *Mozart, a Sociologia de um Gênio*, Norbert Elias propõe uma reflexão sobre o que ele chama de "a tragédia" do músico. Para essa proposta, ele sugere a atenção de não utilizar critérios e valores nossos para analisar um artista que viveu num outro contexto e num outro estágio civilizatório (uma das categorias basilares do pensamento de Elias). E nisso o sociólogo dialoga com o crítico de arte Rafael Cardoso, que afirma que, para compreender plenamente a dimensão de Porto-Alegre "é preciso se desvencilhar das perspectivas historicistas agregadas à sua produção pela fortuna crítica, e recuar para uma tentativa de situá-la em sua época" (Cardoso. 2014, p. 186)

Elias emprega também um outro conceito, o da "sociedade de corte", outro de seus estudos clássicos. Para ele, Mozart viveu em meio a um conflito entre a nascente burguesia (digamos, uma classe média ascendente), mas ainda distante do âmbito de uma aristocracia com sólida posição, a que aquela ainda não conseguia se opor.

Na sociedade de corte dos tempos de Mozart, o músico era um tipo de empregado como o cozinheiro e o pasteleiro: tinha de se limitar ao gosto médio e estratificado de uma elite ociosa, que queria se entreter, justamente por não ter as ocupações do trabalho, vivendo no ócio da sociedade da corte. Diante desse quadro, para garantir uma vida remediada, o artista tinha de compor seguindo um padrão de gosto estabelecido. Ou seja, dedicar-se a composições que não obrigassem o público (os cortesões que pagavam o salário do músico) a pensar ou a ter de refletir. A proposta era apenas o entretenimento. Se quisesse improvisar, pesquisar novas fórmulas, ser um inovador, não estaria atendendo ao príncipe ou ao arcebispo sob cujas ordens tinha de trabalhar. Leopoldo Mozart, o pai de Wolfgang, havia preferido o caminho da acomodação. O filho quis se permitir a ousadia de dar o passo e seguir a alternativa de não ser um assalariado. Acabou quebrado, endividado, doente... morrendo aos 35 anos. Elias escreve que Mozart se resignou à morte, por haver fracassado: a sociedade da corte não queria inovações, como óperas em alemão, por exemplo. Mas o sonho e projeto profundo de Mozart foi, mais do que escrever concertos de piano, missas ou sinfonias, o de se tornar um compositor de ópera. Para isso, o antigo menino prodígio deixou a Salzburg natal e foi tentar a sorte em Paris, Nápoles, Viena, Praga. Mas, como se disse, a sociedade da corte não queria entender uma proposta nova de ópera cantada em alemão, esperava apenas dispor de entretenimento (os ouvintes podiam até estar cochichando ou cochilando durante a apresentação).

O próprio Wolfgang, como menino prodígio no início da carreira, atraiu as atenções enquanto foi "novidade", pois a sociedade de corte estava sempre em busca disso, das "novidades" que a entretinham. E o pequeno Mozart logo deixava de ser novidade. Até mesmo seu poder de atração se dissolvia após algumas semanas, a sensação esmorecia – tanto em Viena, como em Nápoles ou Paris.

> Muito embora algumas pessoas, aqui e ali, continuassem a ser gentis com o prodígio e sua família, a grande maioria de conhecidos rapidamente perdia o interesse pelas apresentações. [...]. Até onde se pode averiguar, nem o jovem Mozart, nem o pai tinham uma ideia clara deste aspecto estrutural da sociedade de corte (Elias, 1995, p. 90).

Quando o imperador diz a Mozart que sua música "tinha notas musicais demais", revelava o incômodo de uma composição que exigia mais atenção, menos distração. Mas o comentário fez com que as moças "bem" da aristocracia vienense abandonassem suas aulas de piano. O que contribuiu para os sérios problemas de sobrevivência por que passou.

Problemas de sobrevivência: essa é uma das chaves para entender Manuel de Araújo. Sem dúvida é um atrevimento comparar o gaúcho com o austríaco, definitivamente não se trata disso.[1] Mas o estudo de Norbert Elias abre caminhos. Manuel era, considerando as diferenças de época e de estágio civilizador com a corte austríaca ou a de Luís XIV (foco do estudo de Elias sobre a "sociedade de corte"), um dos representantes de uma classe média remediada que buscava se encaixar e sobreviver como as sinecuras proporcionadas pela proximidade do poder. Não vivia de rendas nem de propriedades. Trabalhou com afinco, embora sempre exagere em seus escritos sua abnegação e o escasso reconhecimento monetário por seu trabalho. Se apoiava num companheiro talvez tão medíocre como ele: Gonçalves de Magalhães, embora críticos como Sílvio Romero avaliem que o autor dos *Suspiros Poéticos e Saudades* tenha sido bem menos aquinhoado em talento do que o gaúcho.

> Porto-Alegre era talento muito diverso e muito mais bem-dotado. Tinha mais objetividade intelectual, mais imaginação, maior profusão de linguagem, mais colorido, mais vida em suma. Em Porto-Alegre predominava o talento descritivo, em Magalhães um filosofismo impertinente que lhe inspirava incomodativas tiradas. De resto, os dois amavam-se muito e citam-se nos respec-

---

1 Embora curiosamente Manuel José, em seu lado áulico, tenha duas vezes chamado o compositor José Maurício Nunes Garcia de "O Mozart fluminense".

tivos poemas. Pode-se dizer que o poeta rio-grandense pertencia ao cenáculo de Magalhães, mas entrava em perfeito pé de igualdade (Romero, 1888, p. 728).

Como cortesãos, para usar a terminologia de Elias, tanto Gonçalves de Magalhães como Manuel de Araújo viviam de favores, atrás de bolsas, comissões e nomeações. Porto-Alegre rentabilizava seus contatos com Evaristo da Veiga, com os Andradas, com Luiz de Menezes Vasconcelos Drummond, mas quando este lhe oferece 20 mil francos para subvencionar sua viagem à Itália, aceita apenas 25%. O Conselheiro Rocha, como já se viu, diversas vezes o socorreu, em Paris e depois em Roma. Viveu de favor na casa do irmão de Debret. A leitura de algumas das cartas que escreveu ao frade Francisco de Monte Alverne mostra que não raro ele alude à não concessão da bolsa de estudos por ele pleiteada e negada pelo ministro Aureliano de Sousa e Oliveira Coutinho. São comentários de um ressentido. A própria biografia precoce escrita por Manuel de Araújo está repleta desse tom choramingador.

> Em Paris sofreu Porto-Alegre toda sorte de privações... *[veja a citação no capítulo 2, página 70]*. Reduzido à última extremidade, viveu de seu trabalho e deixou de frequentar a legação *[embaixada]* por este motivo. Sabendo disso, o conselheiro Rocha o mandou chamar e mostrou-se sentido de que o não procurasse, dizendo-lhe que pedisse o dinheiro que precisasse, porque o estimava e apreciava, o que fez com que o jovem artista lhe pedisse 140 francos mensais, os quais bastavam para as suas despesas. Admiravam-se todos da exiguidade, mas o artista não, porque havia aprendido a viver como pobre e econômico [...] O seu estado de pobreza atesta sua probidade e o seu desinteresse em servir o país e o imperador (Porto-Alegre, 2014, p. 344 e 348).

Ainda recorrendo a Norbert Elias, em seu trabalho *A Sociedade de Corte* ele realiza uma radiografia precisa dos mecanismos em que se moviam as pessoas, num ambiente em que "pertencer à sociedade de corte ou ter relações com pessoas que circulavam na corte eram condições para o acesso a tais posições" (2001, p. 92). Se essas posições garantiam uma "renda", por outro lado traziam consigo deveres de representação.

Faltava estabilidade nesse mundo de convenções restritas, em que o próprio despertar do rei era motivo de diferentes entradas de cortesãos, a prestar "pleitesias", um sinal de prestígio. As regras da etiqueta circunscreviam os lugares, num jogo de sobe e desce. O cortesão dava festas para ser notado e ganhar prestígio, pois era este que contava ponto. Mas todo esse mundo de corte acabava gerando estresse. Escreve Elias:

> Todo sistema era carregado de tensões. Era impregnado de inumeráveis rivalidades por parte dos homens que procuravam proteger suas posições, demarcando-as contra os níveis inferiores, e que talvez tentassem, ao mesmo tempo, melhorá-las em relação às camadas superiores, diminuindo as distâncias. Saía faísca para todos os lados (2001, p. 95).

Manuel de Araújo viveu e fez parte (guardadas as especificidades entre o que foi a corte de Luís XIV de França e a de Pedro II do Brasil) desse clima instável. No capítulo anterior, vimos como o grande painel de 4,85 por 7,93 metros, imortalizando a coroação de Pedro II, permaneceu inacabado por desinteresse do imperador, que preferiu condecorar e encomendar a tela ao pintor francês François-René Moreaux, como registrado.

Por que teria o imperador se desinteressado do quadro de grandes proporções? Em seu livro *Imperador Cidadão e a*

Construção do Brasil, Roderick J. Barman fornece muitas pistas. Com o olhar privilegiado "de fora", e com acesso a arquivos como os da monarquia britânica, Roderick vai mostrando as mudanças de postura do imperador ao longo dos anos, da timidez à desconfiança sobretudo com os bajuladores e os que negociavam as benesses propiciadas pela vida de corte. O mordomo Paulo Barbosa da Silva, figura onipresente nos primeiros anos do longo reinado, vai aos poucos perdendo espaços, até ser desligado do cotidiano da corte, se recolocando na diplomacia (esteve nas representações do Brasil na Rússia, Alemanha e Áustria, demitindo-se em 1851, já enferno, quando fazia expediente na Embaixada da França.

Paulo Barbosa da Silva é uma das figuras de frente no quadro planejado por Araújo de Porto-Alegre. O mordomo esteve por trás de muitas das benesses proporcionadas ao artista gaúcho. Na época da feitura da tela, o imperador iniciava o movimento de afastar-se de seu antigo preceptor. Era uma daquelas faíscas a que se referia Norbert Elias, esse clima de estresse da sociedade de favores. Sobrou para Manuel José – que também seguirá uma carreira de diplomata, uma das sinecuras obtida como cortesão.

Apelidado pelo historiador Max Fleiuss de "o homem-tudo", por causa da extensão das múltiplas atividades que exerceu, Porto-Alegre foi excepcionalmente industrioso e produtivo pelos padrões de qualquer época, escreve o crítico e professor da PUC carioca, Rafael Cardoso. "No contexto acanhado em que se exercitou como artista – o Rio de Janeiro entre as Regências e os anos anteriores à Guerra do Paraguai –, sua energia chega a ser um assombro" (Cardoso, 1014, p. 181).

Antes de voltar a atenção para as obras, reflete Rafael Cardoso, é válido o exercício de repisar abreviadamente a recepção dada ao trabalho do artista ao longo dos anos. Manuel de Araújo despontou cedo em termos de reconhecimento profissional. Foi logo eleito por seu mestre Debret como discípulo mais destacado das aulas ministradas na recém-aberta Academia Imperial de Belas Artes, participando das primeiras exposições públicas da escola nos anos de 1829 e 1830.

Aos 24 anos de idade, foi chamado pelo imperador d. Pedro I para pintar seu retrato, honraria máxima que podia ser concedida a qualquer artista naquele contexto e que o próprio Porto-Alegre reconheceu depois como um gesto de apoio aos esforços da nova instituição simbolizada por ele enquanto artista jovem e brasileiro. Dez anos depois, em 1840, foi nomeado pintor da Imperial Câmara, confirmando, sob o mandato do novo imperador d. Pedro II, sua vocação de ser favorecido pelo poder. Pode-se dizer que Porto-Alegre começou no auge, o que explica um pouco a percepção, tida e repetida por ele mesmo, de que sua carreira artística seria marcada pela incompletude e a incompreensão. Quem começa no topo só pode decair, ainda mais quando se encontra em um meio acanhado, sem grande potencial de expansão (Cardoso, 2014, p. 182).

A mediocridade como base

Na modesta galeria dos filósofos brasileiros da era da Independência, Frei Francisco de Monte Alverne (1784-1858) merece, em ordem cronológica, o primeiro lugar. Embora pensadores como Morais e Vale, Morais Torres, Ferreira França e Gonçalves de Magalhães tenham publicado trabalhos filosóficos antes do orador franciscano, cabe-lhe, ainda assim, a prioridade se não a da impressão, ao menos a da escritura de seu *Compêndio de Filosofia* – que, devido aos problemas de cegueira do autor, se conservou por muitos anos em manuscrito. Apesar de vir à luz apenas em 1859, quando Monte Alverne já havia falecido, sua composição datava de 1833, conforme relata o escritor Padre Leonel Franca 1893-1948), em seu clássico *Noções de História da Filosofia*, escrito em 1918.

Dotado de natural eloquência, de engenho vivo e pronto, constante e assíduo ao trabalho, Monte Alverne distinguiu-se logo entre seus conterrâneos, ocupando lugar de relevo entre as pessoas cultas e desempenhando, na sua ordem, vários e importantes cargos. Ensinou retórica, filosofia e teologia em São Paulo e no Rio, sendo nomeado pregador régio em 1816, elevando-se ao nível de outros pregadores, como S. Paio,[2] S. Carlos[3] e Januário da Cunha Barbosa. Em 1837, na plenitude da virilidade e no maior esplendor de sua glória, feriu-o Deus com a cegueira. Recolheu-se ao retiro de sua cela. Faleceu em 3 de dezembro de 1858 (Franca, 1973, p. 265).

A visão de Leonel Franca sobre o orador é extremamente crítica. Escreve ele: "Orador e retórico, remirou-se com prazer nas frases sonoras e nos períodos grandíloquos de Victor Cousin. O que era música de palavras e harmonia de eloquência pareceu-lhe solidez e profundidade de pensamento" (Franca, 1973, p. 266).

---

2 S. Paio por Sampaio. Trata-se de Frei Francisco Sampaio (1778-1830), carioca franciscano que desempenhou notável papel no período da independência, como orador. Sua obra está ainda esparsa por arquivos e bibliotecas, segundo Roberto Lopes, nas notas e explicações do Cartas a Monte Alverne (Conselho Estadual de Cultura, 1964).

3 Frei Francisco de São Carlos (1763-1829), franciscano carioca, foi um estimado orador com o brilho da poesia em suas prédicas. Publicou em 1819 o poema *Assunção*, que teve uma segunda edição em 1862, com um estudo crítico assinado por Fernandes Pinheiro.

Em um comentário de nota de rodapé de seu livro (página 267, a nota tem número de 273), ele deixa escapar este comentário:

> Não me convém aqui insistir sobre essa tara que tanto deslustra o caráter do pregador de D. João VI. "Arrastado pela energia do meu caráter, desejando cingir todas as coroas, abandonei-me com igual ardor à eloquência, à filosofia e à teologia, cujas cadeiras professei algumas vezes simultaneamente". E parece que julgou realmente ter atingido o alvo de seus desejos: cingir todas as coroas!
>
> "O país tem altamente declarado que eu fui uma destas glórias de que ele ainda se ufana", escreveu Monte Alverne no *Discurso Preliminar*, ao fim do capítulo 1 das *Obras Oratórias*, Edição do Porto, 1867. Todo esse discurso preliminar, polvilhado de desassisadas louvaminhas, dá-nos uma ideia muito desfavorável do valor moral e religioso de Monte Alverne. É um triste monumento da mais ridícula vaidade (Franca, 1973, p. 267).

No artigo "O iluminismo no Brasil", de D. Odilão Moura, publicado na obra *As Ideias Filosóficas no Brasil*, coordenado por Adolpho Crippa, o erudito beneditino escreve: "Frei Francisco de Monte Alverne, cuja riquíssima vaidade não conseguia esconder sob o paupérrimo burel, decantado pela sua oratória oca, tinha pretensões filosóficas, passando-se de Condillac com armas e bagagens para Vitor Cousin" (Moura, 1978, p. 151).[4]

---

4   No princípio da carreira, Monte Alverne professava o "sensualismo psicológico – ou a doutrina de Estêvão Bannot de Condillac (1715-1780), que pregava que o ego é uma coleção de sensações que o homem experimenta e aquelas que a memória lhe recorda. É a consciência daquilo que é e a lembrança daquilo que foi. Monte Alverne abandonou essas ideias quando aderiu ao ecletismo de Victor Cousin (1792-1867). Este pensador foi referência para Monte Alverne e Domingos de Magalhães. Embora citado profusamente pelo frade franciscano, quem divulgou o pensamento de Cousin no Brasil foi o pensador pernambucano Antônio Pedro de

Manuel de Araújo e, com mais ênfase, seu amigo Gonçalves de Magalhães são tributários desse mestre e muitos dos textos de ambos transparecem essa influência, a oratória oca, apontada acima. O autor dos *Suspiros Poéticos e Saudades*, membro da elite introdutora da filosofia e da psicologia entre nós, recebe dura leitura crítica do professor Antonio Soares Amora, que ao se referir a ele, adota uma postura ácida: "Um 'monstro sagrado' ou apenas um equívoco?", pergunta-se, antes de discorrer sobre Domingos José Gonçalves de Magalhães: "Quando se lê o que de Magalhães escreveram os contemporâneos, tem-se a impressão de estar diante de um monstro sagrado, da espécie de um Chateaubriand ou de um Vítor Hugo". Deduz Amora que, certamente, as palavras dos comentaristas de então não tinham a responsabilidade crítica que hoje lhes damos. Basta, para dessacralizar o poeta, realizar uma análise crítica de qualquer de seus poemas, diz ele. "Em todos se evidenciam mais deficiências poéticas do que qualidades" (Amora, 1977, p. 131 e 136).

Românticos, com marcas do classicismo

Ao abrir seu livro *Ideias Teatrais, o Século XIX no Brasil*, o professor João Roberto Faria comenta que os acadêmicos brasileiros nascidos por volta de 1810 tinham formação clássica e poucas informações a respeito do romantismo (Faria, 2001, p. 20). Nessa passagem, ele se refere aos jovens estudantes da Faculdade de Direito do Largo de São Francisco, em São Paulo, que editaram a *Revista da Sociedade Filomática*, e ao longo ensaio por ela veiculado, intitulado "Ensaios sobre a Tragédia".

Figueiredo (1822-1859), que traduziu a obra do professor francês, dando-lhe o título de Curso de Filosofia, distribuída em três volumes.

Linhas adiante, sob a rubrica "A recepção crítica do romantismo", Faria introduz Justiniano José da Rocha como o primeiro crítico teatral brasileiro: "Em 1836, já radicado no Rio de Janeiro, vamos encontrá-lo nas fileiras do jornal *O Cronista* defendendo a ideia de que os espetáculos teatrais deveriam ser comentados nos jornais", escreve Faria.[5] "Com Justiniano nasce, portanto, a crítica teatral no Brasil", conclui (Faria, 2001, p. 24-25). Mas o reparo feito por Faria é sobre a dificuldade daquela geração em lidar com as desarmonias do romantismo. A diferença entre drama e melodrama, a superioridade da tragédia, ou a adoção do poema épico, no caso de Porto-Alegre, ajudam a entender alguns dos problemas desse início do romantismo entre nós.

Talvez esse viés ajude a entender o ponto final dessa colocação do quadro no prumo. Para quem escreviam esses autores, em especial Manuel de Araújo, que é o personagem desse nosso estudo? Uma boa pista foi dada por ele ao finalizar seu texto "Contornos de Nápoles, fragmento das notas de viagem de um artista", que ocupa 52 das 262 que compõem o segundo número da revista *Nitheroy* (analisada no capítulo 4). Escreveu um soberbo Porto-Alegre:

> Aqueles que não estiverem senhores da história antiga, da idade média e moderna encontrarão algumas dificuldades lendo este extrato de nossa viagem: omitimos notas, porque elas se acham no corpo da obra. Por exem-

---

[5] Como se viu o capítulo 6, ao analisar as caricaturas em que Porto-Alegre estigmatizou o jornalista Justiniano José da Rocha, pelo alto salário conseguido para editar o *Correio Oficial*, foram motivadas não pelo espírito do interesse público, mas como uma vingança pela crítica desfavorável ao *Prólogo Dramático* publicada pelo crítico no periódico *O Cronista*. Justiniano passou para a história como "pena de aluguel", "jornalista venal", "áulico" – versão ainda hoje em vigor nos manuais de história da imprensa.

plo, sobre a costa e as ilhas do mar Tirreno, dissemos o que conhecemos destes sítios na descrição da viagem de Roma a Nápoles. Algumas expressões talvez se encontrem, pode ser, em desuso, mas elas são filhas de nossas impressões; e além disso, vemos a natureza como artista, e não como gramático (Nitheroy 2, p. 213).

Como editor e formador de jornalistas que sou, esse comentário de Manuel de Araújo produz um efeito perturbador. Porto-Alegre escreve para um público leitor que ele não conhece e pelo qual não sente compaixão (pathos). Escreve num processo exibicionista, que poderia dizer típico de um discípulo do Frei Francisco Monte Alverne.

O primeiro censo geral do império, realizado em 1872 e divulgado em 1876 – quarenta anos depois da publicação da revista Nitheroy, portanto – provocou um verdadeiro susto sobre a intelectualidade brasileira do último quartil do século XIX. A tomada de consciência da real situação de analfabetismo crônico em que o país estava mergulhado foi um choque. Esse tema, do alarma provocado quando se descobriu o estado real iletrado em que se encontrava o povo brasileiro, foi muito bem abordado por Hélio de Seixas Guimarães em seu livro *Os Leitores de Machado de Assis – o Romance e o Público de Literatura no Século 19*, resultado de sua tese de doutoramento.

Hélio Guimarães salienta o interesse do escritor Machado de Assis na recepção e aceitação de sua obra – o que se nota nas advertências, prefácios e diálogos que ele estabelece com o leitor, além dos jogos que arma para ele, passando-lhe tarefas de imaginar cenas e tirar conclusões. Machado chega a pedir licença para interromper a história ou deixar a cena em suspenso e discutir algum detalhe, no que é uma de suas características mais notáveis. Com que leitor ele dialogava? E com que leitor dialogou Manuel de Araújo? – se é que isso existia para ele? Guimarães mostra ainda como os romances da época, de Joaquim Manoel de Macedo, José de Alencar ou do próprio Machado em sua primeira fase, refletem e espelham esse suposto público leitor, tendo como personagens jovens estudantes e mulheres leitoras – espelhamento já apontado por Antonio Candido. Deste autor, Seixas Guimarães resgata e comenta certo tom de oralidade que permeia a prosa ficcional brasileira, resquício das leituras realizadas em voz alta em saraus e em reuniões, "o que constituía estratégia importante para aumentar o alcance da produção literária numa sociedade de analfabetos" – e isso faz lembrar o texto em que José de Alencar, ao escrever sobre o que o levou a ser romancista, rememora sua própria experiência como leitor nessas reuniões familiares.

Há muito se sabia da restrição e precariedade da instrução no país, mas os dados do recenseamento caíram como uma bomba sobre o Brasil letrado. Os principais jornais da corte trouxeram, na edição de 5 de agosto de 1876, o texto do ofício [...] com os dados coletados. No dia 14 do mesmo mês, *O Globo*, jornal mais progressista em circulação e sem vínculo direto com qualquer partido político, reproduziu em sua primeira página texto originalmente publicado em *A Província de S. Paulo*, intitulado "Algarismos eloquentes", que apresentavam alguns dados sobre o índice de analfabetismo, seguidos da constatação inexorável: "Somos um povo de analfabetos! " (Guimarães, 2004, p. 88).

Em resumo, os números desmistificavam a visão romântica e nacionalista vigente até então. Uma parcela muito pequena da população sabia realmente ler. "Os analfabetos correspondiam a 84% do total apurado pelo censo, que dava uma população de 9 930 478 pessoas, somando livres e escravos", pontua Seixas Guimarães (2004, p. 103). Os números e dados são escassos, mas, pelos comentários que se pode ler aqui e ali, dá para criar algumas cifras. A revista *O Mosquito*, citada por Seixas Guimarães, afirma que apenas 550.981 mulheres sabiam ler. Como os dados do Censo apontaram uma população feminina de 4.806.609 mulheres, pode-se concluir que apenas 11,46% do público feminino tinham acesso à leitura. Pior: da população em idade escolar, apenas 17% estavam assistindo às aulas, o que permitiria projetar uma taxa de analfabetismo que passaria da casa dos 84%. Isso supondo que todas as crianças em idade escolar que assistiam às aulas estariam de fato aprendendo e não engrossando o percentual dos analfabetos funcionais – ainda hoje uma praga nacional.

Volta-se, assim, para o argumento de que a maior contribuição de Porto-Alegre se efetuou não nas obras de arte executadas ou nos escritos que lhe garantem o lugar de primeiro historiador da arte entre nós, entre outros títulos – mas em uma moldura ideológica que o artista logrou constituir em torno de sua atuação. Como escreve o crítico Rafael Cardoso, "A ideia é tentadora. Seria Porto-Alegre o precursor longínquo da tradição de engajamento artístico num projeto nacional que se costuma datar, no Brasil, a partir de absorção do Modernismo paulista pelo Estado Novo? Seria ele o Almeida Júnior antes de Almeida Júnior?" (Cardoso, 2014, p. 185)

É ainda Cardoso quem escreve que toda alma reformadora do Brasil há de simpatizar com a figura do artista frustrado que se queixa de que os conchavos e a tacanhice do meio, a cobiça e a inveja dos medíocres, o impediram de realizar todo o seu potencial. É fácil esquecer, na simpatia pelos argumentos cultos e inteligentes de Porto-Alegre, que ele era acusado por seus inimigos justamente de vaidade, aulicismo, maquinação política e mediocridade (Cardoso, 2014, p. 185-186).

Como afirmou Sílvio Romero, "O merecimento capital do poeta rio-grandense era a habilidade em desenhar em seus versos uma série de quadros e cenas exteriores. O colorido não é sempre dos mais brilhantes; mas o desenho é correto e amplo".

Bibliografia

ALENCASTRO, Luiz F. "Vida privada e ordem privada no Império". In: NOVAES, Fernando A. (org). *História da vida privada no Brasil*. São Paulo: Companhia das Letras, 1997.

AMORA, Antonio S. *A literatura brasileira II. O romantismo*. São Paulo: Cultrix, 1977.

ANDRADE, Débora El-Jaick. "Semeando os alicerces da nação: História, nacionalidade e cultura nas páginas de revista Niterói. In: *Revista Brasileira de História*, volume 29, p. 417-442. São Paulo: 2009.

ANDRADE, Joaquim Marçal Ferreira. *História da fotorreportagem no Brasil. A fotografia na imprensa do Rio de Janeiro de 1839 a 1900*. Rio de Janeiro: Campus/Elsevier, 2004.

ANSELMO, Beatriz Moreira. "A palavra em cena no teatro simbolista". In: *Revista Lettres Françaises*, volume 11, n° 1. Araraquara: Unesp, 2010. ISSN 1414-025x. http://www.fclar.unesp.br/#!/instituicao/administracao/divisao-tecnica-academica/apoio-ao-ensino---staepe/laboratorio-editorial/publicacoes/revistas-e-periodicos/lettres-francaises/lettres-francaises-n11/.

ANTUNES, Deoclécio de Paranhos. *O pintor do romantismo. Vida e obra de Manuel de Araújo Porto-Alegre*. Rio de Janeiro: Zélio Valverde, 1943.

ARÊAS, Vilma (org). *Martins Pena. Comédias (1833-1844)*, vol. 1; (1844-1845), vol. 2; (1845-1847), vol. 3. São Paulo: Martins Fontes WMF, 2007.

ARNHEIM, Rudolf. *Arte e percepção visual*. São Paulo: Pioneira/ Edusp, 1980.

BARBOSA, Marialva. *História cultural da imprensa. Brasil 1800-1900*. Rio de Janeiro: Mauad, 2010.

BARMAN, Roderick J. *Imperador cidadão*. São Paulo: Unesp, 2010.

BARTA, Roger. *Antropología del cerebro*. México: Fondo de Cultura Económica, 2007.

BARTHES, Roland. *A câmara clara*. Rio de Janeiro: Nova Fronteira, 1984.

_____. *Crítica e verdade*. São Paulo: Perspectiva, 1999.

_____. *La Torre Eiffel, textos sobre la imagem*. Barcelona: Paidós, 2001.

BATISTA, Thiani Januário. *Amor, tradição e violência na dramaturgia brasileira: Leonor de Mendonça e Calabar, o elogio da Traição*. Florianópolis: Programa de Pós-Graduação em Literatura da Universidade Federal de Santa Catarina, 2011. Dissertação de mestrado. Acessada em 20/2/2016. Disponível: https://repositorio.ufsc.br/bitstream/handle/123456789/95436/298101.pdf?sequence=1&isAllowed=y.

BELLUZZO, Ana Maria de Moraes. *O Brasil dos Viajantes. Vol. 1: Imaginário do Novo Mundo*; São Paulo: Metalivros; Salvador: Fundação Emílio Odebrecht, 1994.

BERGER, John. *Modos de ver*. Rio de Janeiro: Martins Fontes, 1987.

BRIGGS, Asa e BURKE, Peter. *Uma história social da mídia*. Rio de Janeiro: Jorge Zahar Editor, 2004.

BURKE, Peter. *Testemunha ocular. História e imagem*. Bauru: Edusc, 2004.

_____. *A fabricação do rei. A construção da imagem pública de Luís XIV*. Rio de Janeiro: Jorge Zahar, 1994.

_____. *Uma história social do conhecimento I: de Gutenberg a Diderot*. Rio de Janeiro: Jorge Zahar, 2003.

CAFEZEIRO, Edwaldo; GUERRA, Renata. *Teatro completo de Araújo Porto-Alegre, tomo 1*. Rio de Janeiro: Inacen, 1988.

_____. *Teatro completo de Araújo Porto-Alegre*, tomo II. Rio de Janeiro: Funarte, 1997.

CALLADO, Antonio. *O esqueleto na lagoa verde. Ensaio sobre a vida e o sumiço do coronel Fawcett*. São Paulo: Cia das letras, 2010.

CÂMARA, Adauto. *A história de Nísia Floresta*. Natal, Departamento Estadual de Imprensa, 1997.

CAMPOFIORITO, Quirino. *História da pintura brasileira no século XIX*. Rio de Janeiro: Pinakotheke, 1983.

CANCLINI, Nestor Garcia. *Culturas Híbridas*. São Paulo: Edusp,1988.

CÂNDIDO, Antônio. *Formação da literatura brasileira: momentos decisivos*: 1750-1836. São Paulo: Martins, 1964.

_____, CASTELLO, José Aderaldo. *Presença da literatura brasileira: do romantismo ao simbolismo*. São Paulo: DIFEL, 1984.

CARDIM, Elmano. *Justiniano José da Rocha*. São Paulo: Companhia Editora Nacional, 1964.

CARDOSO, Rafael. "A Academia Imperial de Belas Artes e o Ensino Técnico". *In*: revista 19&20, v. III, n. 1, jan de 2008. Rio de Janeiro: 2008. Disponível em: http://www.dezenovevinte.net/ensino_artistico/rc_ebatecnico.htm>

_____. "A vingança de Pinta-Monos: por uma reavaliação de Araújo de Porto-Alegre como artista". *In*: KOVENSKY, Julia & SQUEFF, Leticia. *Araújo Porto-Alegre: Singular & Plural*. São Paulo: IMS, 2014.

CARNEIRO, Newton. *O Paraná e a caricatura*. Curitiba: Grafipar, 1975.

CARVALHO, José Murilo. *A construção da ordem. A elite política imperial*. Rio de Janeiro: Relume-Dumará/Editora UFRJ, 1996.

_____. *Teatro de sombras. A política imperial*. Rio de Janeiro: IUPERJ, 1980.

_____. *A formação das almas: o imaginário da República no Brasil*. São Paulo: Cia das Letras, 1990.

_____. *D. Pedro II*. São Paulo: Cia das Letras, 2007.

CASTELLO, José Aderaldo. *Textos que interessam à história do romantismo: revistas da época romântica*. São Paulo: UNISANTOS/COEAE [19–].

CATALÀ, Josep M. *El murmullo de las imágenes. Imaginación, documental y silencio*. Santander: Shangrila, 2012.

_____. *La imagen compleja. La fenomenología de las imágenes en la era de la cultura visual*. Bellaterra: Servei de Publicacions, 2005.

_____. *La imagen interfaz. Representación audiovisual y conocimiento en la era de la complejidad*. Bilbao: Servicio Editorial D. L., 2010.

CERTEAU, Michel. *A escrita da história: novas perspectivas*. Rio de Janeiro: Forense Universitária, 2010.

CHIARELLI, Tadeu. "Gonzaga-Duque, a moldura e o quadro da arte brasileira". In: GONZAGA-DUQUE, Luiz Estrada. *A arte brasileira*. Campinas: Mercado das Letras, 1995.

COSTA, Carlos. *A revista no Brasil do século XIX. A história da formação das publicações, do leitor e da identidade do brasileiro*. São Paulo: FAPESP/Alameda Casa Editorial, 2012.

CRARY, Jonathan. *Las técnicas del observador. Visión y modernidad en el siglo XIX*. Murcia: CENDEAC, 2008.

DAUMIER, Honoré. *Caricaturas*. Porto Alegre: Editora Paraula. SD.

D'ALESSIO FERRARA, Lucrecia. *Olhar periférico*. São Paulo: Edusp/Fapesp, 1999.

DEBRET, Jean-Baptiste. *Viagem pitoresca e histórica ao Brasil*. São Paulo: Círculo do Livro, sd.

_____. "Academia - Modelo vivo". In: ANTUNES, de Paranhos. *O pintor do romantismo: vida e obra de Manuel de Araújo Porto-Alegre*. Rio de Janeiro: Zelio Valverde, 1943.

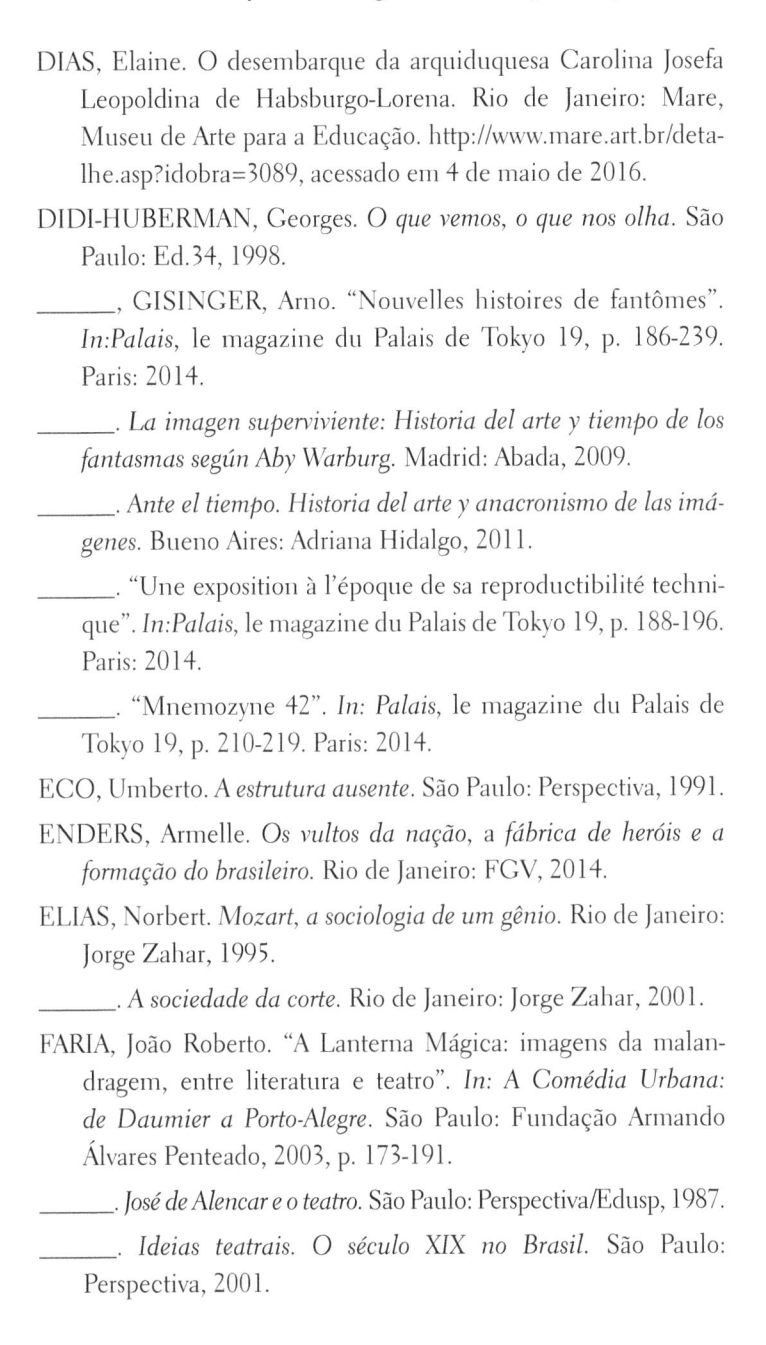

DIAS, Elaine. O desembarque da arquiduquesa Carolina Josefa Leopoldina de Habsburgo-Lorena. Rio de Janeiro: Mare, Museu de Arte para a Educação. http://www.mare.art.br/detalhe.asp?idobra=3089, acessado em 4 de maio de 2016.

DIDI-HUBERMAN, Georges. O que vemos, o que nos olha. São Paulo: Ed.34, 1998.

_____, GISINGER, Arno. "Nouvelles histoires de fantômes". In:Palais, le magazine du Palais de Tokyo 19, p. 186-239. Paris: 2014.

_____. La imagen superviviente: Historia del arte y tiempo de los fantasmas según Aby Warburg. Madrid: Abada, 2009.

_____. Ante el tiempo. Historia del arte y anacronismo de las imágenes. Bueno Aires: Adriana Hidalgo, 2011.

_____. "Une exposition à l'époque de sa reproductibilité technique". In:Palais, le magazine du Palais de Tokyo 19, p. 188-196. Paris: 2014.

_____. "Mnemozyne 42". In: Palais, le magazine du Palais de Tokyo 19, p. 210-219. Paris: 2014.

ECO, Umberto. A estrutura ausente. São Paulo: Perspectiva, 1991.

ENDERS, Armelle. Os vultos da nação, a fábrica de heróis e a formação do brasileiro. Rio de Janeiro: FGV, 2014.

ELIAS, Norbert. Mozart, a sociologia de um gênio. Rio de Janeiro: Jorge Zahar, 1995.

_____. A sociedade da corte. Rio de Janeiro: Jorge Zahar, 2001.

FARIA, João Roberto. "A Lanterna Mágica: imagens da malandragem, entre literatura e teatro". In: A Comédia Urbana: de Daumier a Porto-Alegre. São Paulo: Fundação Armando Álvares Penteado, 2003, p. 173-191.

_____. José de Alencar e o teatro. São Paulo: Perspectiva/Edusp, 1987.

_____. Ideias teatrais. O século XIX no Brasil. São Paulo: Perspectiva, 2001.

_____. (org.) *Machado de Assis: do teatro*. *Textos críticos e escritos diversos*. São Paulo: Perspectiva, 2008.

_____. "Machado de Assis e os estilos de interpretação teatral de seu tempo". In: *Revista USP*, n. 77 (março-maio). São Paulo: USP, CCS, 1989.

FOCILLON, Henri. *Daumier*. Madrid: Casimiro, 2013.

FOUCAULT, Michel. *As palavras e as coisas*. São Paulo: Martins Fontes, 1995.

FERREIRA, Orlando da Costa. *Imagem e letra. Introdução à bibliografia brasileira. A imagem gravada*. São Paulo: Edusp, 1994.

FRANCA, Leonel. *Noções de história da filosofia*. Rio de Janeiro: Agir, 1973.

GASPARINI, Isis. "'Novas histórias de fantasmas' em Paris", In: *Dobras Visuais*, 7/4/2014, ISSN 2359-6023. http://www.dobrasvisuais.com.br/2014/04/novas-historias-de-fantasmas-em-paris-por-isis-gasparini/. Acessado em 4 de maio 2016.

GIEDION, Siegfried. *La mecanización toma el mando*. Barcelona: Gustavo Gili, S.A., 1978.

GUIMARÃES, Hélio de Seixas. *Os leitores de Machado de Assis: o romance machadiano e o público de literatura no século XIX*. São Paulo: Nank*In*: Editorial/Edusp, 2004.

GUINSBURG, J. (Org.). *O romantismo*. São Paulo: Perspectiva, 1978.

GONZAGA-DUQUE, Luiz Estrada. *A arte brasileira*. Campinas: Mercado das Letras, 1995.

JOLY, Martine. *La imagen fija*. Buenos Aires: La Marca, 2012.

_____. *Introduction à l'analyse de l'imagen*. Paris: Nathan, 1983.

_____. *A imagem e o signo*. Lisboa: Edições 70, 2005.

JUNQUEIRA, Renata S. "Uma leitura d'O Marinheiro de Fernando Pessoa". *In*: MORETTO Fúlvia; BARBOSA, Sidney (org). *Aspectos do Teatro Ocidental*. São Paulo: Unesp, 2006, vol. 1, p. 193-207.

KANIZSA, Gaetano. *Gramática de la visión. Percepción y Pensamiento*. Barcelona: Paidós, 1986.

KIEFFER, Anna Maria. "A comédia musical urbana". In: *A Comédia Urbana: de Daumier a Porto-Alegre*. São Paulo: Fundação Armando Álvares Penteado, 2003, p. 192-213.

LANGER, Johnni. "Os caçadores de lenda perdida". In: *Revista de História*: Biblioteca Nacional, 7/7/2008 (online). Acessado em 20/2/2016. Disponível em: http://www.revistadehistoria.com.br/secao/artigos/cacadores-da-lenda-perdida

LEMOS, Renato (Org.). *Uma história do Brasil através da caricatura: 1840-2001*. Rio de Janeiro: A & M Comércio de Livros, Edusf, 2001.

LIMA, Herman. *História da caricatura no Brasil* (quatro volumes). Rio de Janeiro: José Olympio, 1963.

LLULL, Ramón. *Obras literarias*. Madrid: La Editorial Católica, 1948.

LUSTOSA, Isabel. *Insultos impressos*. São Paulo: Companhia das Letras, 2000.

_____. *Imprensa, humor e caricatura. A questão dos estereótipos culturais*. Belo Horizonte: Editora UFMG, 2011.

_____. "Roteiro para Herman Lima". In: *Outros céus, outros mares. Catálogo da exposição comemorativa do centenário de Herman Lima*. Rio de Janeiro: Casa de Rui Barbosa, 1998.

LOBO, Helio. *Manoel de Araujo Porto-Alegre, Ensaio bio-bibliográfico*. Rio de Janeiro: ABC, 1938.

LUNA, Jairo. *A épica do império, Gonçalves de Magalhães e Araújo Porto-Alegre*. São Paulo: LA Leeds, 2002.

MACHADO, Ubiratan. *A vida literária no Brasil durante o romantismo*. Rio de Janeiro: Tinta Negra Bazar Editorial, 2010.

MAGALHÃES JR. Raimundo. *Três panfletários do Segundo Reinado*. Rio de Janeiro: Academia Brasileira de Letras, 2009.

MAGNO, Luciano. *História da caricatura brasileira. Os precursores e a consolidação da caricatura no Brasil*. Rio de Janeiro: Gala Edições de Arte, 2012.

MAGALHÃES, Basílio de. *Manuel de Araújo Porto-Alegre, barão de Santo-Angelo*. Rio de Janeiro: Imprensa Nacional, 1917.

MANGUEL, Alberto. *Uma história da leitura*. São Paulo: Companhia das Letras, 2009.

_____ *Lendo imagens*. São Paulo: Cia das Letras, 2001.

_____ *A biblioteca à noite*. São Paulo: Cia das Letras, 2010.

MANOVICH, Lev. *Software takes command*. New York: Bloomsbury Academic, 2013.

MARINGONI, Gilberto. "Primeira caricatura brasileira denuncia corrupção. No Correio". In: *Bigorna*, 24/08/2005. Disponível em http://www.bigorna.net/index.php?secao=artigos&id=1124907826, acessado dia 16/3/2016.

MARTINS, Ana Luiza, e LUCA, Tania Regina de. (orgs.). *História da imprensa no Brasil*. São Paulo: Contexto, 2008,

MATTOSO, José. *Identidade nacional*. Lisboa: Gradiva.1998.

MAUAD, Ana Maria. "Imagem e auto-imagem do segundo reinado". In: NOVAIS, Fernando A. (org.). *História da vida privada no Brasil, vol. 2: Império: a corte e a modernidade nacional*. São Paulo. Companhia das Letras, 1999.

MAURO, Frédéric. *O Brasil no tempo de dom Pedro II*. São Paulo: Companhia das Letras, 1991.

MEGGS, Philip B. *A history of graphic design*. New York: John Wiley & Sons, 1998.

MITCHEL, W. J. T. *Teoría de la imagen. Ensayos sobre representación verbal y visual*. Madrid: Akal, 2009.

MOLER, Lara B. *Da palavra ao silêncio: o teatro simbolista de Maurice Maeterlinck*. Tese de doutorado apresentada na FFLCH, USP, 2006.

MOREL, Marco & BARROS, Mariana Monteiro de. *Palavra, imagem e poder: surgimento da imprensa no Brasil no século XIX*. Rio de Janeiro: DP&A, 2003.

MOURA, Odilão. "O Iluminismo no Brasil". In: CRIPPA, Adolpho (coord). *As ideias filosóficas no Brasil*. São Paulo: Editora Convivio, 1978.

OLIVEIRA, JOSÉ G. *Arqueología de la Interfaz: ensayo, memoria e imagen*. Tese de doutorado, UAB (Uiversitat Autònoma de Barcelona). disponível em https://www.tesisenred.net/handle/10803/667366.

_____. Arqueologia da interfaz: Warburg, memória e imagem. In: *Revista Communicare* Volume 16 – N° 2 – 2° Semestre de 2016.

_____. *Aby Warburg: imagem e interface*. São Paulo, 2015, mimeo.

PATACA, Ermelinda M; PINHEIRO, Rachel. "Instruções de viagem para a investigação científica do território brasileiro". In: *Revista da Sociedade Brasileira de História da Ciência*. Rio de Janeiro, volume 3, n° 1, p. 58-79, 2005.

PICCOLI, Valéria. "Porto-Alegre, Debret e Outros Viajantes", in: KOVENSKY, Julia & SQUEFF, Leticia. *Araújo Porto-Alegre: Singular&Plural*. São Paulo: IMS, 2014, p. 144-159.

PAVIS, Patrice. *Dicionário de Teatro*. São Paulo: Perspectiva, 2008.

PINASSI, Maria O. *Três devotos, uma fé, nenhum milagre: Nitheroy, revista brasiliense de ciências, letras e artes*. São Paulo: Editora UNESP, 1998.

PORTO-ALEGRE, Achylles. *Homens ilustres do Rio Grande do Sul*. Porto Alegre: Selbach, 1916.

PORTO-ALEGRE, M. de Araújo; MAGALHÃES, Gonçalves; DIAS, Gonçalves; AZEVEDO, Álvares. *Poetas românticos brasileiros II*. São Paulo: Lúmen, s/d.

_____, MAGALHÃES. *Cartas a Monte Alverne*. São Paulo: Conselho Estadual de Cultura, 1964.

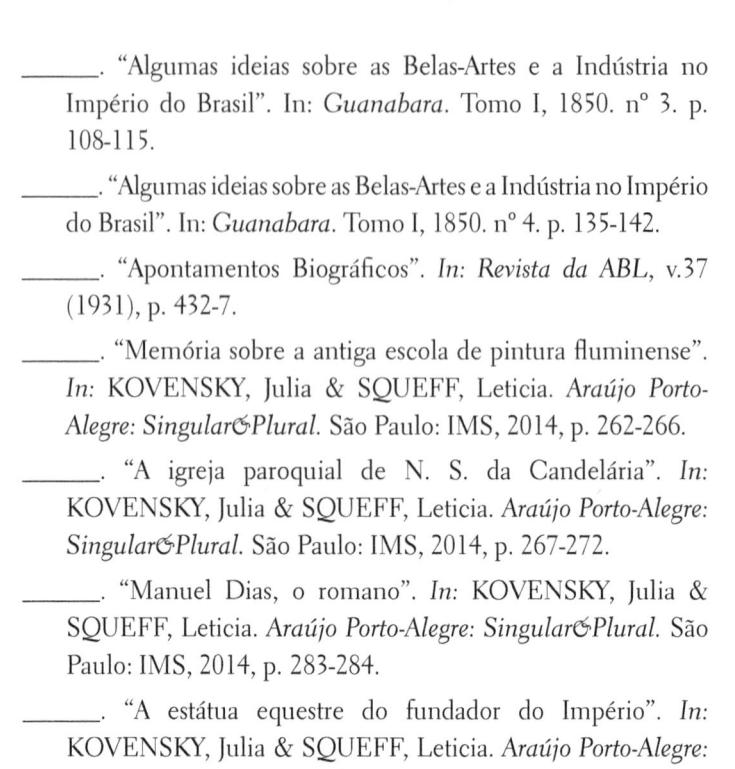

_____. "Algumas ideias sobre as Belas-Artes e a Indústria no Império do Brasil". In: *Guanabara*. Tomo I, 1850. n° 3. p. 108-115.

_____. "Algumas ideias sobre as Belas-Artes e a Indústria no Império do Brasil". In: *Guanabara*. Tomo I, 1850. n° 4. p. 135-142.

_____. "Apontamentos Biográficos". In: *Revista da ABL*, v.37 (1931), p. 432-7.

_____. "Memória sobre a antiga escola de pintura fluminense". In: KOVENSKY, Julia & SQUEFF, Leticia. *Araújo Porto-Alegre: Singular&Plural*. São Paulo: IMS, 2014, p. 262-266.

_____. "A igreja paroquial de N. S. da Candelária". In: KOVENSKY, Julia & SQUEFF, Leticia. *Araújo Porto-Alegre: Singular&Plural*. São Paulo: IMS, 2014, p. 267-272.

_____. "Manuel Dias, o romano". In: KOVENSKY, Julia & SQUEFF, Leticia. *Araújo Porto-Alegre: Singular&Plural*. São Paulo: IMS, 2014, p. 283-284.

_____. "A estátua equestre do fundador do Império". In: KOVENSKY, Julia & SQUEFF, Leticia. *Araújo Porto-Alegre: Singular&Plural*. São Paulo: IMS, 2014, p. 318-323.

_____. "Iconografia brasileira". In: KOVENSKY, Julia & SQUEFF, Leticia. *Araújo Porto-Alegre: Singular&Plural*. São Paulo: IMS, 2014, p. 328-341.

_____. "Apontamentos biográficos". In: KOVENSKY, Julia & SQUEFF, Leticia. *Araújo Porto-Alegre: Singular&Plural*. São Paulo: IMS, 2014, p. 341-351.

PORTUGAL, Daniel B, ROCHA, Rose de M. "Como caçar (e ser caçado por) imagens". Entrevista com W.J.T. Mitchell. In: *Revista da Associação Nacional dos Programas de Pós-Graduação em Comunicação | E-compós*, Brasília, v. 12, n° 1. jan.-abr. 2009.

PÓVOA, José Joaquim Pessanha. *Textos que interessam à história do romantismo. Anos acadêmicos: São Paulo, 1860-1864*. São Paulo: Imprensa Oficial do Estado, 1964.

PRADO, Décio A. *João Caetano*. São Paulo: Perspectiva, 1972.

RANGEL, Marcelo de M. *Poesia, história e economia política nos Suspiros Poéticos e Saudades e na Revista Niterói. Os primeiros Românticos e a civilização do Império do Brasil*. Rio de Janeiro: Programa de História Social da Cultura da PUC: tese defendida em 2011. Acessado em 18/1/2016. Disponível em http://www.maxwell.vrac.puc-rio.br/Busca_etds.php?strSecao=espe cifico&nrSeq=18523@1.

RENAN, Ernest. *¿Qué es una nación?*. Madrid: El Libro de Bolsillo, Alianza Editorial, 1990.

RICUPERO, Bernardo. *O romantismo e a ideia de nação no Brasil (1830-1870)*. São Paulo: Martins Fontes, 2004.

ROMERO, Silvio. *História da litteratura brasileira*, Tomo 2. Rio de Janeiro, B. L. Garnier, 1888.

SACRAMENTO BLAKE, Augusto V. A. *Dicionário bibliográfico brasileiro*. Rio de Janeiro: Imprensa Nacional, 1895.

SALDANHA DA GAMA, João de. *Annaes da Bibliotheca Nacional, 1883-1844*. Rio de Janeiro: Leuzinger & Filhos, 1885. http://objdigital.bn.br/acervo_digital/anais/anais_011_1883-1884.pdf, acessado em 20/4/2016.

SALGUEIRO, Heliana Angotti. *A Comédia Urbana: de Daumier a Porto-Alegre* (Catálogo da exposição). São Paulo: Fundação Armando Álvares Penteado, 2003 (p. 12-171).

SALIBA, Elias T. "Araújo Porto-Alegre, entre o pássaro e a sombra". In: SQUEFF, Letícia. *O Brasil nas letras de um pintor*, p. 13 a 19. Campinas: Editora Unicamp, 2004.

SARLO, Beatriz. *Cenas da vida pós-moderna. Intelectuais, arte e videocultura na Argentina*. Rio de Janeiro: UFRJ, 2000.

_____. *El imperio de los sentimientos. Narraciones de circulación periódica en la Argentina.* Buenos Aires: Grupo Editorial Norma, 2000.

SCHWARCZ, Lilia M. *O sol do Brasil. Nicolas-Antoine Taunay e as desventuras dos artistas franceses na corte de D. João.* São Paulo: Companhia das Letras, 2008.

SODRÉ, Nelson Werneck. *História da imprensa no Brasil.* Rio de Janeiro: Mauad, 1999.

SOUSA, Jorge Pedro. *As histórias da imprensa de Nelson Werneck Sodré e de José Manuel Tengarrinha: uma comparação.* XXXIII Congresso Brasileiro de Ciências da Comunicação, Caxias do Sul, 2010. Acessado em 10 janeiro de 2016. Disponível em http://www.bocc.ubi.pt/pag/sousa-jorge-as-historias-da-imprensa-de-nelson-werneck-sodre.pdf

SQUEFF, Letícia. *O Brasil nas letras de um pintor. Manuel de Araújo Porto-Alegre (1806-1879).* Campinas: Editora Unicamp, 2004.

_____. *Uma galeria para o Império: a Coleção Escola Brasileira e as origens do Museu Nacional de Belas Artes.* São Paulo: Edusp, 2012.

_____. "Um rei invisível", In: *Revista de História,* 18/9/2007. Disponível em http://www.revistadehistoria.com.br/secao/perspectiva/um-rei-invisivel, acessado em 4 de maio de 2016.

SUEUR-HERMEL,Valérie. *Daumier, L'écriture du lithografe.* Paris: Bibliothèque Nationale de France, 2008.

SÜSSEKIND, Flora. "Palavras loucas, orelhas moucas, os relatos de viagem dos românticos brasileiros". In: Dossiê Brasil dos *Viajantes.* Revista USP n° 30, junho-agosto 1966, páginas 94-107. São Paulo: USP, CCS, 1966.

_____. "Colombo e a épica romântica brasileira". *Revista USP,* n° 12, dez-fev 1992, páginas 131-142. São Paulo: USP, CCS, 1992.

TEIXEIRENSE, Pedro I.V. *O jogo das tradições, a ideia de Brasil nas páginas da revista Nitheroy*. Dissertação de mestrado. Brasília: Programa de Pós-Graduação em História. Instituto de Ciências Humanas da UnB, 2006. Acessado em 20/1/2016. Disponível em http://biblioteca.universia.net/html_bura/ficha/params/title/jogo-das-tradi%C3%A7%C3%B5es-ideia-brasil-nas-paginas-da-revista-nitheroy/id/52667417.html.

THOMAS, Jean. Musset, Alfred de (1810-1857. In: *Encyclopaedia Universalis* [en ligne], disponível em http://www.universalis.fr/encyclopedie/alfred-de-musset/, acessado 7/2/1016.

TUSQUETS, Eugenia, FROUCHTMANN, Susana. *La pasión de ser mujer*. Barcelona: Circe, 2015.

VAINFAS, Ronaldo (direção). *Dicionário do Brasil Imperial (1822-1889)*. Rio de Janeiro: Objetiva, 2002.

VETTRAINO-SOULARD, Marie-Claude. *Lire une image, Analyse de contenu iconique*. Paris: Armand ColIn: Éditeur, 1993.

WARBURG, Aby. *Atlas Mnemosyne*. Madrid: Ediciones Akal, 2010.

XAVIER, Ismail. *A experiência do cinema*: antologia. Rio de Janeiro: Graal, 1983.

YATES, Francis. *A arte da memória*. Campinas : Editora da Unicamp, 2007.

CDs

CD-Rom *500 Anos da Pintura Brasileira*
Logon Informática Lta, Rio de Janeiro, 1999.

Filme

GODARD, Jean-Luc. *Adieu au Langage*. França, 2014.

Alameda nas redes sociais:
Site: www.alamedaeditorial.com.br
Facebook.com/alamedaeditorial/
Twitter.com/editoraalameda
Instagram.com/editora_alameda/

Esta obra foi impressa em São Paulo na primavera de 2019. No texto foi utilizada a fonte Electra LH em corpo 10,5 e entrelinha de 15,5 pontos.